小学校全学年

算数アクティブ授業術

先生も
子どもも
たのしい

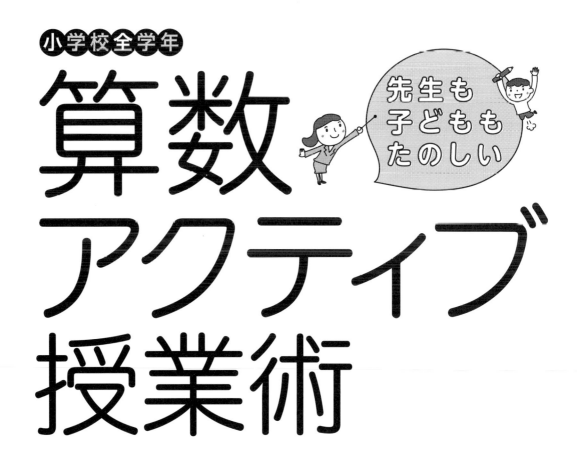

岸本ひとみ／図書啓展　著
学力の基礎をきたえどの子も伸ばす研究会　監修

フォーラム・A

はじめに

算数の教科書が終わらない
予定したところまで進めない
教えたことが子どもになかなか定着しない
個人差が大きく教えにくい
そんなことはありませんか？
今、若い先生方の算数指導の悩みがドッと増えています。
そんな悩みを解決するのに少しでも役立てば、と考えて本書は企画されました。

算数授業の基礎・基本のガイドブックをめざし、
- 軽重をつけ大事な単元に時間をかけるコツ
- 課題のある子の指導に役立つワザ
- ポイントとなる所をたのしく印象づける　「アクティブ授業」
- 進度が遅れたときの緊急対策は　「ロケット作戦」
- ・・・すぐできるノウハウがいっぱい詰まっています。

本書が全国の先生方に活用され、たのしい授業で笑顔があふれる教室が、
うんと増えることを願っております。

岸本ひとみ
図書　啓展

算数指導のお悩みチェック

算数の指導をめぐって、さまざまな悩みがよく寄せられます。
ちょっとチェックしてみてください。

- ☐ 算数の教科書が なかなか進まなくて、進度がすごく遅れてしまいます。 ⇨ 第2/4章
- ☐ 反復練習や練り上げにたくさんの時間をとりたいと思いつつ、時間がたりない現状があり、日々葛藤です。 ⇨ 第3章
- ☐ 予定通り授業が進まず、結局いきあたりばったりになってしまいます。 ⇨ 第1章
- ☐ 教科書や指導書どおりには、なかなか教えられません。 ⇨ 第1章
- ☐ 教えるコツや工夫をたくさん教えてほしいです。 ⇨ 第3章
- ☐ がんばっているつもりなのに子どもになかなか定着しないので、どうしたらいいでしょう。 ⇨ 第3章
- ☐ 文章題の意味がわからなくて、できない子が多いんですが。 ⇨ 第3章
- ☐ せっかく式を立てても、計算間違いをよくしている。 ⇨ 第3章
- ☐ 授業を進めながら計算力を高めることのむずかしさを感じます。 ⇨ 第2章
- ☐ 子どもの学力差が大きく、問題も早い子はすぐできるけど、逆にすごく遅い子もいて、授業がやりにくい。 ⇨ 第1章
- ☐ 遅れがちな子の指導はどうしたらいいのでしょうか。 ⇨ 第1章
- ☐ 授業がわからなくて、人のじゃまをする子がいて、とてもたいへんです。 ⇨ 第1章
- ☐ 少人数授業をしていると、担任のグループと算数担当のグループで、授業の進み具合がどうしても違うので困っています。 ⇨ 第2章
- ☐ 塾で算数を先取りして勉強している子が、授業中、集中しません。 ⇨ 第3章
- ☐ 課題のある子どもの指導に困っています。45分いすに座れません。興味をもって、せめて15分授業できる方法はないでしょうか。 ⇨ 第1章
- ☐ すぐパニックを起こして泣き叫び、100点が取れないからとテスト用紙を破ってしまう子がいます。 ⇨ 第1章
- ☐ 忘れ物が多くて学習用具がそろわず、落ち着きがなく、たえず体を動かしている子が学級に複数います。 ⇨ 第1章

この本は、このような悩みの解決に役立ちます。

目 次

はじめに ……………………………………………………………… 002
算数指導のお悩みチェックリスト ………………………………… 003
授業で使える付録 I ………………………………………………… 006

第1章
「授業の基本」の組み立て方　007

あなたの算数授業を「アクティブ授業術」でたのしくします ………… 008
小数〜テントウ虫！ ………………………………………………… 009
「手かくし法」グッズ ……………………………………………… 010
「カケルちゃん！」グッズ ………………………………………… 011
"困ったちゃん"が参加できる授業に ……………………………… 012
教科書を使って1時間 マイ授業プランその①　2年生 ………… 022
教科書を使って1時間 マイ授業プランその②　4年生 ………… 024
教科書を使って1時間 マイ授業プランその③　5年生 ………… 026
「さかのぼり指導」で子どもの学習能力を向上させよう ………… 028

第2章
算数進度に遅れをださないマイプラン（年間指導計画）　029

1年生のマイ年間プラン …………………………………………… 030
2年生のマイ年間プラン …………………………………………… 032
3年生のマイ年間プラン …………………………………………… 034
4年生のマイ年間プラン …………………………………………… 036
5年生のマイ年間プラン …………………………………………… 038
6年生のマイ年間プラン …………………………………………… 040
授業で使える付録 II ………………………………………………… 042

第3章
たのしい！アクティブ授業術　　　043

「アクティブ授業術」から出発しよう ……………………………… 044
とと□（トトロ）のうた ………………………………………………… 045

MENU 1	10までの数の合成・分解　さくらんぼ・とと□の歌	1年生	046
MENU 2	くり上がりのあるたし算　さくらんぼ・ピーナッツ計算	1年生	050
MENU 3	くり下がりのあるひき算　さくらんぼ・ピーナッツ計算	1年生	054
MENU 4	かけ算　関所方式・スモールステップ・九九検定	2年生	058
MENU 4	たし算・ひき算の筆算　リズム口唱法	2年生	062
MENU 6	わり算　「ニコニコわり算」と「ドキドキわり算」	3年生	066
MENU 7	2けた×2けたのかけ算　カケルちゃん方式	3年生	070
MENU 8	÷2けたのわり算　指かくし法	4年生	074
MENU 9	小数のかけ算　波のりチャップン方式	4・5年生	078
MENU 10	小数のわり算　シュワッチ方式	4年生	082
MENU 11	小数のわり算　ピコン・シュワッチ方式	5年生	086
MENU 12	分数のたし算・ひき算　さかさわり算たすきがけ	5年生	090
MENU 13	単位量あたりの大きさ・速さ　十字の図	5・6年生	094
MENU 14	割合　十字の図	5年生	098
MENU 15	分数のかけ算・わり算　分数のかけ算3か条・ひっくり返してかける	6年生	102
MENU 16	メートル法・量の単位のしくみ　2つのコツ	6年生	106

授業で使える付録 Ⅲ ……………………………………………… 110

第4章
超裏技！ロケット作戦　　　111

あわてるべからず！ロケット作戦で乗り切ろう！ ……………… 112
付録　計算力実態調査とさかのぼり指導のシステム …………… 119
計算力実態調査問題 ①〜⑥ ……………………………………… 120
授業で使える付録 Ⅳ ……………………………………………… 126
CD収録内容一覧 ………………………………………………… 127

くり上がり・くり下がりお助けシート

九九お助けシート

かけざん九九ひょう
(　　　　　　　　)

1のだん
1×1=	いんいち	が1
1×2=	いんに	が2
1×3=	いんさん	が3
1×4=	いんし	が4
1×5=	いんご	が5
1×6=	いんろく	が6
1×7=	いんしち	が7
1×8=	いんはち	が8
1×9=	いんく	が9

2のだん
2×1=	にいち	が2
2×2=	ににん	が4
2×3=	にさん	が6
2×4=	にし	が8
2×5=	にご	10
2×6=	にろく	12
2×7=	にしち	14
2×8=	にはち	16
2×9=	にく	18

3のだん
3×1=	さんいち	が3
3×2=	さんに	が6
3×3=	さざん	が9
3×4=	さんし	12
3×5=	さんご	15
3×6=	さぶろく	18
3×7=	さんしち	21
3×8=	さんぱ	24
3×9=	さんく	27

4のだん
4×1=	しいち	が4
4×2=	しに	が8
4×3=	しさん	12
4×4=	しし	16
4×5=	しご	20
4×6=	しろく	24
4×7=	ししち	28
4×8=	しは	32
4×9=	しく	36

5のだん
5×1=	ごいち	が5
5×2=	ごに	10
5×3=	ごさん	15
5×4=	ごし	20
5×5=	ごご	25
5×6=	ごろく	30
5×7=	ごしち	35
5×8=	ごは	40
5×9=	ごっく	45

6のだん
6×1=	ろくいち	が6
6×2=	ろくに	12
6×3=	ろくさん	18
6×4=	ろくし	24
6×5=	ろくご	30
6×6=	ろくろく	36
6×7=	ろくしち	42
6×8=	ろくは	48
6×9=	ろっく	54

7のだん
7×1=	しちいち	が7
7×2=	しちに	14
7×3=	しちさん	21
7×4=	しちし	28
7×5=	しちご	35
7×6=	しちろく	42
7×7=	しちしち	49
7×8=	しちは	56
7×9=	しちく	63

8のだん
8×1=	はちいち	が8
8×2=	はちに	16
8×3=	はちさん	24
8×4=	はちし	32
8×5=	はちご	40
8×6=	はちろく	48
8×7=	はちしち	56
8×8=	はっぱ	64
8×9=	はっく	72

9のだん
9×1=	くいち	が9
9×2=	くに	18
9×3=	くさん	27
9×4=	くし	36
9×5=	くご	45
9×6=	くろく	54
9×7=	くしち	63
9×8=	くは	72
9×9=	くく	81

コピーして切りとり、パウチしてください。
（付録CDに収録）

第1章 「授業の基本」の組み立て方

✳ 基礎計算10原則 ✳

1. 基礎計算や百マス計算をなぜするのか、どう役に立つのか納得させる
2. ゆっくりでも計算が正確にできてから始める
3. 最初は無理のない量とタイムで
4. 毎日続けて練習すること（継続は力なり）
5. タイムをはかり、記録して伸びを自覚させる
6. ほめる、励ましの声をかける
7. 答えあわせはだんだん減らす
8. 早くできた子へも配慮する
9. 読めない数字には×をつける
10. 目標を達成したらやめる

あなたの算数授業を「アクティブ授業術」でたのしくします

遊び心を生かして、たのしい授業をする

　教科書や指導書にある解き方はおもしろみに欠けることがあります。教科書よりもたのしく印象に残り、子どもがやる気を出す解き方をとり入れて授業する方法、これを「アクティブ授業術」といいます。

　たとえば、小数のたし算で子どもがよくミスをするのは「小数点のつけ忘れ」です。

　教科書には「整数のようにたし算して、後で小数点をつける」やり方が書かれています。これではミスは減りません。教科書通りに教えると、つけ忘れのミスが出るのです。では、どうすればいいのか？

　「先に小数点をつけてから、整数のようにたし算」すればいいんです。

　さらに、小数点を印象づけるために、小数点をつけるときに「小数〜テントウ虫！」と唱えて「テントウ虫の絵」（次ページ）を貼るのです。問題練習のときに、「小数〜〜〜テントウ虫！」と唱えながらたのしく計算できます。

　このように、ポイントになる所を、たのしくだれでも授業できるメニューを提供するのが「アクティブ授業術」です。おおいにマネをして、たのしい算数授業をつくってください。「遊び心」が子どもたちの心をとらえますよ。

第1章 「授業の基本」の組み立て方

あなたの算数授業を「アクティブ授業術」でたのしくします

コピーして使おう　計算方法を印象づけるお役立ちグッズ！　原寸大
（付録CDに収録）

小数点を印象づけます

- パウチをすると強くなります。
- うらにマグネットを貼ります。

わり算に力を発揮します
手かくし法 グッズ

使い方は74ページに

片手
かくし！

- コピーして、2本作ります。
- パウチをすると強くなります。
- うらにマグネットを貼ります。

第1章 「授業の基本」の組み立て方

あなたの算数授業を「アクティブ授業術」でたのしくします

カケルちゃん！
グッズ

使い方は70ページに

- パウチをすると強くなります。
- うらにマグネットを貼ります。

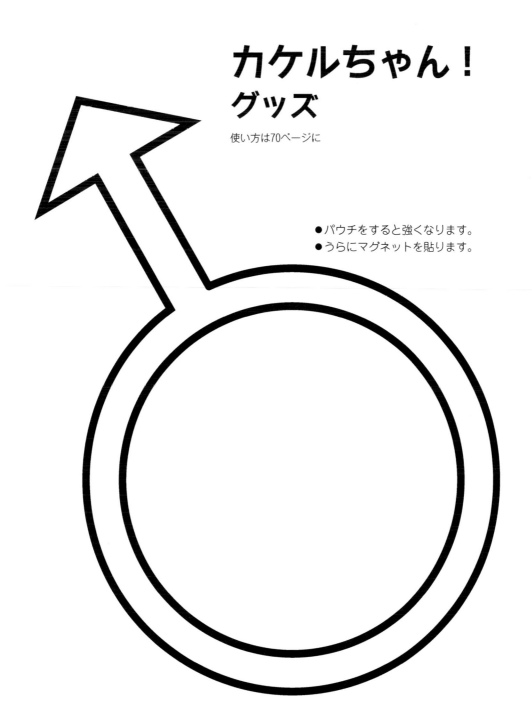

"困ったちゃん"が参加できる授業に

どの子も授業に参加したいと思っている……

　どのクラスにも、支援の必要な子どもが数パーセントはいます。たえず動きまわっている、ちょっとしたことでパニックを起こしてしまう、こだわりが強く自分のルールで進まないと固まってしまう…、それぞれ器質的にADHD傾向とかAS傾向とか、診断名がついています。

　一方で、学習用具が全然そろわなかったり、反復練習がたりないので家庭でも補充練習してほしいと思っても、そんなフォローが期待できない子どもも増えています。

　そうした子どもたちには個別指導の時間が多くなり、学級全体の進度がどうしても遅れがちになります。

　ここで私たち教師が忘れてはいけないことが「本当に困っているのは、本人」だということです。「困ったちゃん」とは、子ども自身が困っている子どものことです。「困ったちゃん」こそ、「私も授業に参加したい」と切に願っているのです。

　でも大丈夫。ちょっとした手立てでみんなと同じように授業に参加できるようになります。その考え方は以下の3点です。

① その子の課題を早めに見つけて、補強手段をとること。
② 45分全部に参加できることは望まないこと。
③ その子のできることを、1時間のうちに一度は必ず設定すること。

　これらを実践にどう取り入れるか、タイプ別に6項目あげました。

第1章「授業の基本」の組み立て方

> "困ったちゃん"が参加できる授業に

1　3つの考え方で手立てをうって どの子も授業に参加できるようにします。

☑ 課題を見つける

　特別支援コーディネーターの先生の仕事ですが、学年ごとに個別の課題があるので、前年までのその子の記録がそのまま今年にも適用されるわけではありません。だからよく観察して見極めます。

　たとえば1年生だったら、入学時に5までの数がパッと取れるでしょうか。数感覚に課題をもっている子は、これができません。この時点で、1年生の算数にはかなりの個別指導が必要だとわかります。

☑ 45分授業すべてに参加させようと考えない

　45分間すべてに参加させようと考えていると、教材準備や発問や板書計画などで、何日あってもたりません。45分のなかの5分か10分でいいので、みんなと同じように参加できればいいと考えましょう。

☑ 得意なことを活動に取り入れよう

　どの子にも得意なこととそうでないことがあります。課題をもっている子の得意なことを、1時間のうちのどこかで設定します。基礎計算をその時間に充てると、45分間ずっとお客さんという事態は防げます。45分を10分×4コマ、15分×3コマの授業というように考えて、どこかで活躍できるように組み立てていくのです。

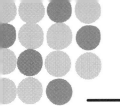

2 「なんで!?」とあきれる前に学習用具を点検してみよう。

　算数では、数字を書く、線を引く、図形を描く……など、いろいろな学習活動をします。そうしたとき「えっ!?」と絶句したことはありませんか。

　「なんでこんなに不正確なの!?」とあきれる前に、学習用具を点検してみましょう。

☑ 鉛筆の濃さ

　低学年の鉛筆は２Ｂでも薄いです。イマドキの子どもたちは、手先を使う仕事の経験が不足しているため筆圧が弱いのです。

　濃い文字を書くためには、鉛筆も４Ｂや６Ｂを使います。

☑ 定規は、透明で目盛りのはっきりしたもの

　ファンシー文具は使いません。

　キャラクターの絵が消えないように普通の定規よりもかなり厚みがあります。厚みがあると、直線を引くときや長さを図るときにうまく押さえられず、正確にできません。

　やたら長い定規を使っている子どももいます。10cmから16cmまでのものを使います。

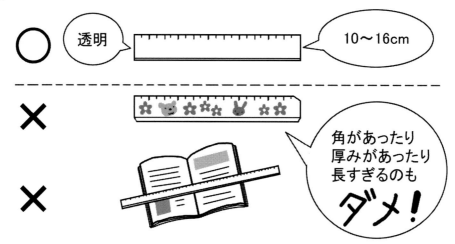

"困ったちゃん"が参加できる授業に

☑ 分度器は赤と黒の２色の目盛りがついているもの

　分度器は４年生から使います。右から読むときと、左から読むときと目盛りの色が違うものを使います。角の大小という感覚の弱い子どもにとっては、60°と120°の目盛りが同じところにあると、どちらがどちらかわかりません。

☑ コンパスは持ちやすいもの

　コンパスは３年生から高学年まで、長期間使います。多少値が張っても、奮発していいものを使わせるべきです。すぐにねじが緩むようなものでは、きれいな円が描けません。

　最近は全員そろえて学習用具を購入することはむずかしいですが、その単元に入る前に全員の文房具を一度確かめておくといいでしょう。

○　コンパスの使い方

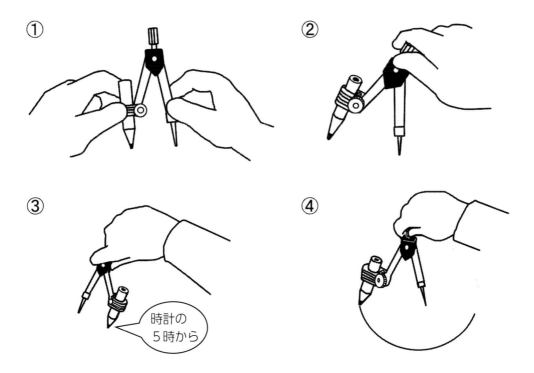

3 落ち着きのない子には…
体を動かす活動を入れます。
困ったちゃんが参加できる授業❶

　ADHD傾向を持っている子どもへの指導例です。絶えず体のどこかを動かしていないと落ち着かないし、じっとしていることによって強いストレスを感じるタイプです。あまり抑えると、休み時間に爆発して友だちをポカリッとやったりするので、体を動かす活動を多く取り入れます。

　取り入れやすいのは音読です。効果もあります。

　算数でも、唱えながら計算したり、教科書のポイントとなる部分を音読したりという場面を意図的に作ります。そのときに、立って音読させるといいのです。立つ、読む、座る、というこの動きだけで、じっとしなければならないストレスが弱まります。

　練習問題を解くなど個別学習の時間に移ったときは、3問できたら持ってきて丸をもらい、残りの7問をする、というように、立って歩いてくる、という動きを入れストレスを軽減します。

第1章「授業の基本」の組み立て方

"困ったちゃん"が参加できる授業に

授業の中にこんな動作を入れてみよう！

教師	子ども
○教科書の45ページを見ましょう。 ・平行四辺形はどれですか、指さしてみましょう。 ・次は、台形を指さしてみましょう。 ・では、このどちらでもないものの名前をいいますね。「四角形」といいます。さん、はい。 ○ 46ページの□で囲んである部分を音読しましょう。全員立ちます。	・「あ」と「え」です。 （指さしながら答えさせることで、体の一部を動かしています。たったこれだけの動作でストレスが軽減するのです。） ・「い」と「お」です。 ・四角形。 ・「向かい合った１組の辺が平行な四角形を台形といいます」 ・「向かい合った２組の辺がどちらも平行になっている四角形を平行四辺形といいます」 （立って音読する、という２つの動作を入れることで、じっとしている時間を少なくしています。）

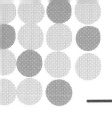

4 こだわりの強い子には…
気を散らさない工夫をします。
困ったちゃんが参加できる授業❷

　マス計算をしていて、だれかが「ハイッ」と言うと、とたんにイライラして自分のペースを乱してしまう子がいます。なかには、「ぼくは、どうせできない～！」と叫んでプリントを破ってしまう子、「○分○○秒」という声に反応してしまい「ダメ～」とブレーキがかかってしまう子。どの子も、音や声に過剰反応してしまうのです。

　こんなタイプの子がいる場合、タイム計測では静かな方法をとります。

① 　ストップウォッチをビデオカメラで撮影し、DVDを作る（ビデオテープでもOK）。
② 　教室備え付けのテレビに映す。
③ 　DVDデッキの回るジーッというかすかな音がする中で計算を進め、自分が終わったら顔を上げてテレビ画面でタイムを確認して記入。

　この方法に切り替えるだけで、音へのこだわりが強い子はストレスが減ります。
　どういう課題であっても、早くできた子が立ち歩いたりしゃべったりすると、このタイプの子は気になって前に進めなくなります。課題ができた子はプリントの裏を使って計算練習をするとか、読書をするなど、クラスでの約束事にしておきます。

第1章「授業の基本」の組み立て方

"困ったちゃん"が参加できる授業に

5 計算力が弱い子は…
スモールステップで習熟させます。
困ったちゃんが参加できる授業❸

器質的な要因は見当たらないけれど、計算が弱い子がいます。そうした子どもは、練習を重ねて習熟させる以外にはありません。「計算さかのぼり指導」の項（P.28）にもあるように、下の学年の計算をクラスあげて順々に練習していきます。その際、自信をもってできるようにさせるための工夫がいります。

参考資料：基礎計算カリキュラム

基礎計算の種類	1年生	2年生	3年生	4年生	5年生	6年生
フラッシュカード　いくつといくつ	1学期					
フラッシュカード　くりあがり・くりさがりなし	2学期					
フラッシュカード　くりあがり・くりさがりあり	3学期	1学期				
フラッシュカード　ミックス	3学期	1学期				
マス計算　10マス〜50マス　加減算	3学期	1学期				
100マス計算　足し算		2学期	1学期	1学期	1学期	1学期
100マス計算　引き算		2学期	1学期	1学期	1学期	1学期
100マス計算　かけ算		3学期	1学期	1学期	1学期	1学期
筆算　2桁±2桁				2学期	2学期	
筆算　3桁±3桁				2学期	2学期	2学期	2学期
筆算　かけ算　2桁・3桁×1桁				3学期		
筆算　かけ算　2桁・3桁×2桁・2桁				3学期	2学期	2学期
割り算　A類型（64÷8など）			2学期	2学期	1学期	1学期
割り算　B類型（66÷8など）			3学期	2学期	1学期	1学期
割り算　C類型（62÷8など）			3学期	2学期	2学期	2学期
筆算　割り算　2桁・3桁÷1桁				3学期		
筆算　割り算　3桁・4桁÷2桁・3桁					3学期	2学期
小数　加減算					3学期	
小数　乗除算					3学期	
分数　連除法						1学期
分数　約分						3学期
分数　通分						3学期
分数　加減算						3学期
分数　乗除算						3学期
四則混合計算　整数・小数					3学期	3学期
四則混合計算　整数・小数・分数						3学期

✓ 工夫その1　100マス計算の例

- 1週間（5回）は同じ問題で進める→毎日少しずつ速く、正確になる。
- 最初の問題は簡単なものにして自信をつけさせる。

×	3	7	10	1	6	8	2	5	9	4	×
2											2
4											4
0											0
5											5
3											3

（左ききの子のために右にも数字を書きます。）

最初の方の問題に2の段、4の段、0の段など、簡単なものにしています。やればできるという成就感をもたせます。（付録CDに収録）

✓ 工夫その2　わり算C型の例

　わり算C型とは、÷1桁であまりを出すときにくり下がりのひき算が必要なわり算のことをいいます。全部で100題あります。

　基礎計算力があがってくると、この100題を5分程度で正確に仕上げてしまう子どもが出てきます。しかし、計算力のない子どもに100題をいきなり練習させるのは逆効果です。

　まず、問題数を減らします。さらに余白を多めにとって、あまりを出すひき算がプリント上でできるようにします。下のように、わられる数の下にかけ算の答えを書くスペースを作るのです。この型のわり算をまちがえる子は、くり下がりのあるひき算でまちがえることが多いのです。

33 ÷ 7 =　あまり	$33 \div 7 = 4$ あまり 5 　$\frac{28}{5}$　←（7 × 4）
55 ÷ 8 =　あまり	$55 \div 8 = 6$ あまり 7 　$\frac{48}{7}$

（わり算の型分け問題は126ページと付録CDに収録）

第1章 「授業の基本」の組み立て方

"困ったちゃん"が参加できる授業に

⑥ 補助手段やお助けグッズを活用します。
困ったちゃんが参加できる授業❹

☑ 文章題が苦手な子どもには手順カードを

　文章題の手順がなかなか覚えられず苦手意識をもった子どもがいます。そんな子どもには、手順カードを作って提示しておくと効果大です。

　机間指導のときに、付箋に書いたメモをノートに貼り付けるやり方もいいでしょう。子どもはついつい忘れて、何度もやり直しをしているうちに、問題に取り組む意欲もなえてしまいます。あらかじめ手順を示しておけばスムーズに進められます。

```
①　大事な数字を○で囲む。
②　たずねられていることに線を引く。
③　式を書く。
④　答えを書いて単位をつける。
```

☑ ノートへの視写が苦手な子には

　ノートに視写することが苦手な子どもたちの中には、視線を移動しているうちに漢字がひらがなになってしまったり、全然別の意味の言葉になってしまったりすることがあります。そういう場合は、あらかじめ子どものノートと同じように整理したものをその子に渡してやり、それを写すようにさせるといいのです。

☑ 基礎計算が危うい子にはお助けシート

　くり上がり、くり下がりでつまずいている子、九九がうろ覚えな子。こうした子は加減乗除の計算で、恐ろしく時間がかかるうえまちがいが多いのです。

　個別指導にばかり時間をさいてはいられませんから、お助けグッズを使って学習を進めていきます。2年生で筆算のたし算ひき算を指導するときには、「くり上がり、くり下がりお助けシート」を使います。シートを見ながら計算させるわけです。2年生以上で、九九がうろ覚えの子には「九九お助けシート」があります（いずれの「お助けシート」も6ページ、付録CDに収録）。

　これらのお助けグッズを使って、計算方法だけをマスターするように指導していけば、それほど遅れを出さずに済みます。

教科書を使って1時間 マイ授業プラン その❶
2年生編／ひき算の筆算　右ページ 教科書 参照

① 横式を筆算の式に直す。

② 計算のしかたを考える。→くり下がり1回との違いを見つけさせる。

③ やり方を全員で唱える。
- 6から9はひけないので、10の位から1くり下げて、16－9で、7になります。
- 10の位の計算は、3－8です。
- 3から8はひけないので、百の位から1くり下げて、十の位の答えは13－8で5です。
- 十の位が5、一の位が7なので、答えは57です。

④ 計算のしかたでペアトークをさせる。
ペアトークすることによって、計算方法を確認するとともに、反復練習の機会を増やす。

⑤ 練習問題②の①を全員でして、答え合わせをする。

⑥ 練習問題②の②と③を個別にして、答え合わせをする。
※ここまで一斉指導で進める。個別にすべての練習問題をさせると、間違って理解している場合修正ができない。また、一斉指導でやり方を唱えていることで、全員が方法を理解することができる。

⑦ 練習問題の残りを個別にする。
（時間があれば、「本時でわかったこと」をノートに書くようにする。早くできた子どもには、教科書補充問題P.117をするよう指示する。）

- 反復練習の機会を増やすことによって、ほぼ全員がくり下がり2回の方法が理解できる。
- やり方を考えることよりは、習熟の機会を増やし、定着を図る。

第1章　「授業の基本」の組み立て方

教科書

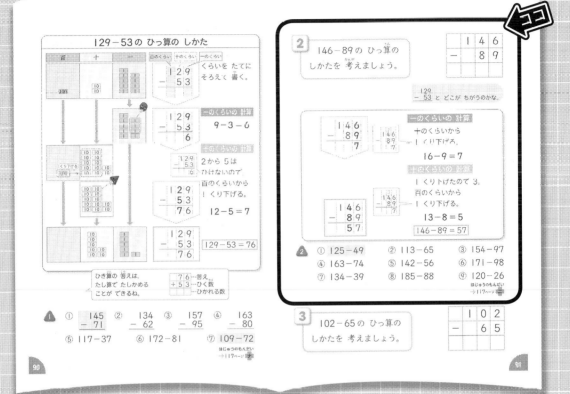

| ひき算の筆算 | 146-89型（波及的くり下がり　くり下がり2回） | 『新編 新しい算数 2年上』（平成26年度 東京書籍）P.90〜P.91 |

板書

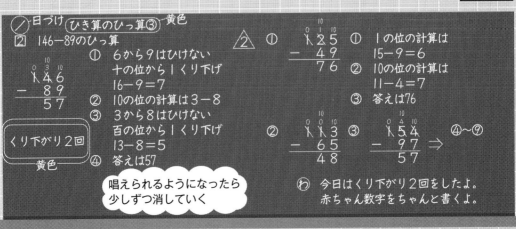

023

教科書を使って1時間 マイ授業プラン その❷
4年生編／わり算の筆算　右ページ 教科書 参照

① 文章題を読んで立式する。　345÷21

② 筆算に書く。

③ 計算方法を考える。既習事項をもとに、十の位から商がたつことを確認する。

④ 「たて、かけ、ひく、お（ろす）さん」が2回でできることを確認して、板書でまとめる。
- 3÷21 はできません。
- 34÷21 は1がたちます。21×1は21、34−21は13、5をおろします。
- 135÷21 は6がたちます。21×6は126、135−126は9。余りは9です。

⑤ 練習問題△の①から③を全員でする。
- 板書して、早くできた児童に書かせる。3人。
- 次の児童には、答え合わせをさせる。3人。
- その間に机間指導をして、支援する。

⑥ 全員で、①から③までの問題の「たて、かけ、ひく、お」さんを唱えさせる。
できていなかった児童にはこの間に、板書を写させてやり方を確認させる。

⑦ 残りの練習問題を個別指導でする。机間指導。

⑧ できた児童から、持ってこさせて丸つけをする。間違っていたら直させる。

⑨ 本時でわかったことを書きまとめさせる。

> 3桁÷2桁の筆算でも、「たて、かけ、ひく、お」さんを順番にしていくと、答えが出てくることがわかった。あわてずやりたい。

第1章　「授業の基本」の組み立て方

教科書

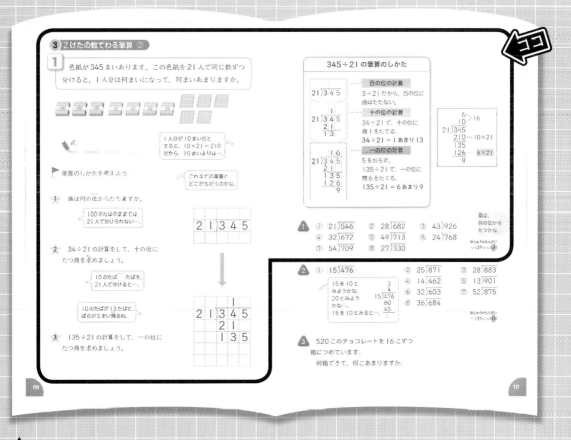

▲ わり算の筆算 ｜ 345÷21型（3桁÷2桁、あまり有）｜『新編 新しい算数 4年上』（平成26年度 東京書籍）P.110～P.111

板書

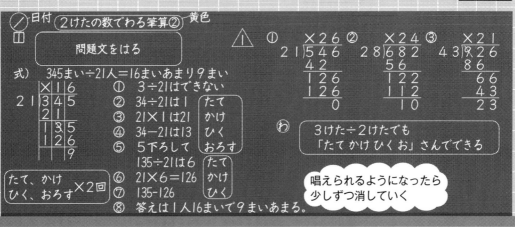

教科書を使って1時間 マイ授業プラン その❸

5 年生編／小数のわり算　右ページ 教科書 参照

①　文章題を読んで立式する。「1mあたり」の言葉に着目して立式させるようにする。　7.56÷6.3＝　　　（kg／m）

②　筆算に書く。

③　計算の仕方を確認する。

　　※教科書には「考えよう」とあるが、全員がやり方を習得することを優先させるため、教師が提示して、全員で確認する。
　（両方を10倍する＝小数点を移動する。「ピコン、ピコン、シュワッチ。」と唱えながらするとよい。86ページ参照。）

④　75.6÷63 になり、「たて、かけ、ひく、お」さん 2 回でできることを確認する。
　・小数点をまず打つことを指導する（シュワッチ）。
　・75÷63 は 1 がたちます。75－63 で12。6 をおろして、126÷63になります。
　・126÷63 だから、2 が立ちます。63×2 は126。わり切れました。
　・答えは1.2です。
　・板書でまとめていく。
　（練習問題 A と A を入れかえる。A は次時の最初に復習として扱うとよい。）

⑤　練習問題 A の①から③をします。
　①の 2.38÷1.7 は一斉指導です。教師が板書しながらするとよい。
　「ピコン、ピコン、シュワッチ。」で小数点移動をし、小数点を打つ。
　② 8.96÷2.8、③ 38.7÷8.6 を個別にする。
　早くできた児童には、板書させる。次にできた児童には答え合わせをさせる。その間に机間指導して支援する。

⑥　全員で確認のために、「ピコン、ピコン、シュワッチ」と「たて、かけ、ひく、お」さんを唱える。
　（時間があれば、本時わかったことをまとめる。）

第1章 「授業の基本」の組み立て方

教科書

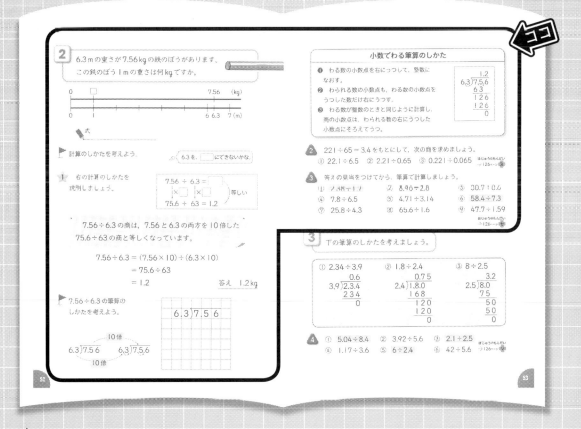

▲ 小数のわり算 | 7.56÷6.3型（小数÷小数、小数点の移動有） | 『新編 新しい算数 5年上』（平成26年度 東京書籍）P.52〜P.53

板書

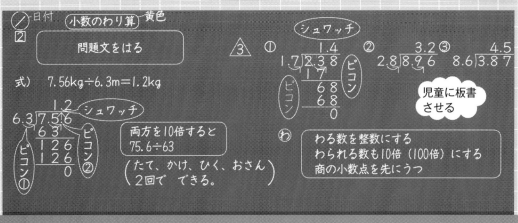

「さかのぼり指導」で子どもの学習能力を向上させよう

さかのぼり指導とは

　「さかのぼり指導」とは、基礎基本の学習内容を単元、学年をさかのぼってみんなで復習し、習熟させていく実践です。これをとり入れることで、子どもたちの学習能力が高くなり、授業の理解度がアップし学習内容の定着も格段によくなります。

　とくに計算は努力に比例して早く正確にできるようになり、そのことが子どもの自信を生み、他教科の学力向上にもつながります。**学力回復５原則（こつこつと・みんなで・やさしいことから・毎日短時間で・たのしんで）**をいかして指導していきます。

計算さかのぼり指導の手順

　計算さかのぼり指導は次の手順で進めましょう。
①　計算力の実態調査をし、個々の子どものつまずきをつかむ。
　　（120～125ページに問題収録）
②　５つの基礎計算（１けたのたし算、１けたをひくひき算、かけ算九九、わり算Ａ型《42÷6 など》、わり算Ｃ型《41÷6 など余りがくり下がる》）を習熟させる。（付録CDに収録）
③　前の学年までの計算の復習・習熟をはかる。

計算さかのぼり指導はこのタイミングで

①　「朝の学習タイム」で計算のさかのぼり学習を位置づける。（始業前10分間など）
②　算数の授業の冒頭５分間を計算タイムとする。

基礎計算のすすめ方

　基礎計算を効率よく進めるのに100マス計算や基本わり算等が有効です。基礎計算の10原則にそってとりくみましょう。（７ページ第１章扉参照）

第2章 算数進度に遅れをださないマイプラン(年間指導計画)

※ 限りある授業時間を効率よく使うには？ ※

- ☐ 1年間の見通しを持ちましょう
- ☐ 重要な単元に時間をかけましょう
- ☐ CDに収録したエクセルの表を使って、自分の学校やクラスにあったプランをつくってみましょう

1年生のマイ年間プラン

ここがポイント！ 「くり上がり、くり下がりのある計算がスムーズにできる」

1学期　4月5月には、加減計算の基礎となる「いくつといくつ」をくり返し練習しておくことが大切です。10の補数を求める練習とともに、他の数の合成・分解もたっぷり練習しましょう。1学期は文字指導に追われて、算数がおろそかになりがちですが、毎日継続して「なんでも□」（46ページ）の練習をします。夏休みには、計算カードのくり上がりなし、くり下がりなしを利用して、保護者にタイム計測の協力を求めると、習熟が図れます。

2学期　くり上がり、くり下がりのある計算をするために、3つの数の計算で、合成・分解の練習を先にします。くり上がり、くり下がりの計算は、やり方が唱えられるようになれば、どんどん練習量を増やして、たし算は2学期中に、計算カードのすべてがスラスラできるようにします。ひき算の習熟は、3学期に回してもかまいません。

3学期　「大きい数」では、教科書では「百の位」という言葉や概念には触れないと、ありますが、「百のへや」という言葉で、3桁目について指導しておくといいでしょう。また、120ぐらいまでの数は、カウントダウンできるようにします。2月、3月になって、加減計算がすらすらできるようであれば、50マス計算（付録CDに収録）にもチャレンジしてみましょう。

　1学期に重要教材が目白押し。一方で、学習へのかまえをつくるべき時期なので、学習のしつけまでは手がまわっていないことが多い。この時期は指導書の進度に合わせて進む。そして、楽しく、遊びながら、以下のものを毎時間取り入れるようにする。

フィードバックしよう！

- なんでも□
- とと□の歌（45ページ・付録CDに収録）
- 数かぞえ（90から120ぐらいまで）

　どちらも、子どもの習熟の度合いに合わせて、カードの内容やテンポを変えることで、年間通して取り組める。そして、それがくり返し＆さかのぼり指導になり、数感覚の身についていなかった子どもにも助けになる。

第2章 算数進度に遅れをださない
マイプラン（年間指導計画）

＼学校・クラスに合わせて マイプランをつくってみよう！／

		重要度	単元	時数	補強の手立て	行事＆他教科のポイント
前期	1学期	A	1.なかまづくりとかず	11	なんでも□の徹底	入学式
			★こえにだしていおう!!	1		学習規律の確立
		C	2.なんばんめ	2		家庭訪問
		A	3.いくつといくつ	7		（春運動会）
		A	4.あわせていくつ ふえるといくつ	6		
		A	5.のこりはいくつ ちがいはいくつ	7		水泳指導
			6.10よりおおきいかず	9	くり上り、くり下がりなし計算の復習 計算カードを使って	
		C	7.なんじなんじはん	1		
			☆おぼえているかな？	－		
	2学期		8.どちらがながい	5		（秋運動会）
			☆おぼえているかな？	－		
		A	9.3つのかずのけいさん	4		音楽会（学芸会）
		B	10.どちらがおおい	4		
			☆おぼえているかな？	－		
		A	11.たしざん	13		
		C	12.かたちあそび	5		
		A	13.ひきざん	13		
			★どんなけいさんになるのかな？	2		
後期		C	14.どちらがひろい	1		
			★けいさんぴらみっど	2	くり上がり＆くり下がりの復習（横式計算50問、100問、マス計算50問）	
			☆おぼえているかな？	－		
	3学期	A	15.おおきいかず	16		
			☆おぼえているかな？	－		
		C	16.なんじなんぷん	2		
			★ビルをつくろう	1		
		B	17.ずをつかってかんがえよう	6		
		C	18.かたちづくり	5		新入生と遊ぶ会
			★ばしょをあらわそう	1		
			★1ねんのふくしゅう	2		

CDに収録したエクセルの表で、マイプランを作ってみよう
東京書籍　新編「あたらしい　さんすう　1年」　年間指導計画作成資料より

2年生のマイ年間プラン

> **ここがポイント！** 「九九を完全にマスターする」
> 「筆算の加減計算ができる」

1学期　春に運動会があるのであれば、4月から筆算に取り組みます。運動会の練習が佳境に入る前に、筆算のしくみを理解させて、習熟に2か月かけると考えます。また、筆算の指導と同時進行で、授業の最初の7、8分でマス計算か横式計算の50問程度をします。進級時点では、指を使って計算をしている子どもも多いはずです。指を使う子どもがなくなるまで、粘り強く練習します。

　特に、秋に運動会のある学校では、次の筆算が控えていますので、マス計算は必須です。

2学期　9月の初めから、「九九の歌」などを使って、唱えることに慣れさせておきましょう。10月の中旬にはかけ算の指導に入れるように、進度調整をすることも大事です。「みかん2この3さら分」というように、何のいくつ分を意識しながら指導していくことはもちろんですが、習熟の時間もたっぷり取りましょう。九九カードも、上がり、下がり、バラバラと3種類の検定をしていくと、早く覚えてしまった子どもにも対応できます。

3学期　1学期はサラリと流した3桁の数ですが、4桁の数とともに、百の位、千の位について、じっくり学習します。特に1026など、空位のある数の表記でつまずきやすいので注意しましょう。

　3学期は、かけ算の総復習と考え、マス計算や横式計算の50問から100問にどんどんチャレンジさせます。そのためには、0、1、10の段の九九を指導する必要があります。教科書にはないからと遠慮せずに、習熟のためにここで指導しておきましょう。

フィードバックしよう！

- ■マス計算　　20マス〜100マスまでいろいろ（50マス100マスは付録CDに収録）

　2年生のポイントは、筆算の加減算、特にくり上がりあり、くり下がりありの習熟と、かけ算九九にある。

第2章 算数進度に遅れをださない
マイプラン(年間指導計画)

＼ 学校・クラスに合わせて マイプランをつくってみよう！ ／

		重要度	単元	時	補強の手立て	行事&他教科のポイント
前期	1学期	C	1.ひょうとグラフ	2	50マス計算（＋－）フラッシュカード	学習規律の確立
			☆おぼえているかな？	－		
		A	2.たし算のひっ算	10		
		A	3.ひき算のひっ算	10		家庭訪問
			★どんな計算になるのかな？	2		春運動会
		B	4.長さのたんい	10		水泳指導
			☆おぼえているかな？	－		
		B	5.3けたの数	13		
		B	6.水のかさのたんい	8		
			☆おぼえているかな？	－		
		C	7.時こくと時間	2		
			☆おぼえているかな？	－		
	2学期	C	8.計算のくふう	4	100マス計算（＋、－）	秋運動会
			☆おぼえているかな？	－		
		A	9.たし算とひき算のひっ算	11		音楽会（学芸会）
		B	10.長方形と正方形	9		
			☆おぼえているかな？	－		
		A	11.かけ算（1）	25	九九検定表	
			★九九ビンゴ	1	上がり九九	
		A	12.かけ算（2）	17	下がり九九	
			☆おぼえているかな？	－	バラバラ九九	
後期	3学期	A	13.4けたの数	11	100マス計算（×）	
		B	14.長いものの長さのたんい	7		
			☆おぼえているかな？	－		
		B	15.たし算とひき算	7		
			☆おぼえているかな？	－		
		C	16.分数	4		
		B	17.はこの形	6		
			★計算ピラミッド	2		
			★2年のふくしゅう	3		

CDに収録したエクセルの表で、マイプランを作ってみよう
東京書籍 新編「新しい算数 2年」 年間指導計画作成資料より

3年生のマイ年間プラン

ここがポイント！　「あまりのあるわり算をマスターする」
「×2桁の筆算ができる」

1学期　わり算のA型（あまりなし）の指導がポイントになります。わり算に入る前に、九九の練習をたっぷりすることと、穴あき九九の練習も必要です。また、春運動会の学校では、1学期は筆算も大事にします。特に1002－59などのくり下がりが複数回あるものについては、ていねいに指導します。秋運動会の学校では、9月にあまりのあるわり算を指導するよりも、6月の方がおすすめです。

2学期　あまりのあるわり算の指導の前に、A型わり算の練習をします。夏休み期間で、1学期にはできていたことを忘れているのが子どもです。あまりのあるわり算のやり方が理解できれば、習熟に移ります。できるだけ、毎日プリントなどで練習量を確保します。最初はB型（26÷5型、あまりを出すとき、くり下がりなし）、次にC型（32÷7型、繰り下がりあり）、最後は両方のミックス、と進みます。

3学期　×2桁の筆算が出てきます。九九とたし算が正確で一定のスピードでできるようであれば、ノート指導をていねいに進めるだけで、どの型でもできるようになります。4月から計画的に進めます。

　重さの単位では、実測を必ず入れます。身の回りにあるものの重さを図ることで、概念が身につきます。

フィードバックしよう

■穴あき九九※　　■マス計算　＋、－、×

　あまりのある割り算、筆算のかけ算がポイント。そのためには、上半期から下半期は、わり算のA型B型C型の順に進める。（付録CDに収録）
　ここでしっかり力をつけたら、4年生の山場、「÷2桁のわり算」をのりこえる土台ができる。

※穴あき九九　　4×□＝24　　□×6＝18など

第2章 算数進度に遅れをださない
マイプラン(年間指導計画)

＼学校・クラスに合わせて マイプランをつくってみよう！／

		重要度	単元	時	補強の手立て	行事&他教科のポイント
前期	1学期	A	1.かけ算	10	マス計算（×）	学習規律の確立
		C	2.時こくと時間の もとめ方	4	穴あき九九	家庭訪問
		B	3.長いものの長さの はかり方	6		春運動会
			☆おぼえているかな？	ー		
		A	4.わり算	10		水泳指導
			☆おぼえているかな？	ー	マス計算（＋、ー）	
		A	5.たし算とひき算の筆算	9		
			★考える力をのばそう	1		
		C	6.暗算	3		
			★かたちであそぼう	1		
		A	7.あまりのあるわり算	10	わり算A型50問	
			☆おぼえているかな？	ー		
後期	2学期	B	8.大きい数のしくみ	10		
			☆おぼえているかな？	ー		
		A	9.かけ算の筆算（1）	15		秋運動会
		A	10.大きい数のわり算	1		
			★どんな計算に なるのかな？	1		音楽会（学芸会）
			☆おぼえているかな？	ー		
		B	11.小数	12		
			★考える力をのばそう	1		
		A	12.重さのたんいと はかり方	8		
			☆おぼえているかな？	11		
		B	13.円と球	ー		
		C	14.分数	4		
			☆おぼえているかな？	ー		
	3学期	C	15.□を使った式	4		
			☆おぼえているかな？	ー		
		A	16.かけ算の筆算（2）	13	マス計算、加減乗50問、	
		B	17.三角形と角	9	わり算B型、C型	
			☆おぼえているかな？	ー		
		C	18.ぼうグラフと表	9		
			★そろばん	3		
			★かたちであそぼう	1		
			★考える力をのばそう	1		
			★3年のふくしゅう	3		

CDに収録したエクセルの表で、マイプランを作ってみよう
東京書籍 新編「新しい算数 3年」 年間指導計画作成資料より

4年生のマイ年間プラン

ここがポイント 「四則計算の完成」

1学期　÷1桁、2桁の筆算の習熟の時間をどのように確保するかがポイントです。教科書の通りの時間配分では、半分ぐらいの子どもたちはできないままに終わってしまいます。他の単元の学習をしながら、毎日10問ぐらいプリントで練習させましょう。春運動会の学校では、÷2桁は2学期に落ち着いて指導する方がいいでしょう。

　大きい数のしくみでは、億、兆などの数が出てきますが、十進位取り記数法ですから、読めて書ければそれでOKです。大きな数の加減算は筆算形式で進めるといいでしょう。

2学期　÷2桁の習熟の時期と位置づけて、毎週2度程度は練習をします。仮商修正の必要な計算を中心に、いろいろな型の問題をミックスして練習します。

　小数のしくみでは、1学期に大きな数で十進位取りを習ってきていますから、その逆バージョンと考えて指導します。

3学期　3学期も÷2桁の筆算練習を続けます。5年生で小数の乗除算に入ったとき、これが不正確で遅いままでは、学習意欲がなえてしまいます。

　3学期のポイントは、分数の概念をていねいに指導することです。2年3年とぽつりぽつりと学習してきた分数の概念を、あらためて復習しながら完成させていきます。さらに、帯分数と仮分数に直す、またその逆算の練習もできれば、5年生の分数計算につながります。

フィードバックしょう！

- マス計算＋、－、×　　■穴あき九九
- わり算A型、B型、C型（付録CDに収録）

　四則計算の完成年と考えて、年間カリキュラムに沿って、1年生からの計算をさかのぼり指導する。

第2章　算数進度に遅れをださない
マイプラン(年間指導計画)

＼学校・クラスに合わせて マイプランをつくってみよう！／

		重要度	単元	時	補強の手立て	行事＆他教科のポイント
前期	1学期	C	1．折れ線グラフと表	9	100マス計算（＋－×）わり算ＡＢＣ型　50問	学習規律の確立
			☆おぼえているかな？	－		
		B	2．角の大きさ	10		家庭訪問
		A	3．わり算の筆算(1)	17		春運動会
			☆おぼえているかな？	－		
		B	4．垂直・平行と四角形	16		
			★考える力をのばそう	1		
			★そろばん	2		水泳指導
後期	2学期	b	5．大きい数のしくみ	6		
			☆おぼえているかな？	－		
		A	6．わり算の筆算(2)	14	わり算の筆算　10問プリント	
			★かたちであそぼう	1		
		C	7．がい数の表し方	8		秋運動会
		C	8．計算のきまり	8		
			☆おぼえているかな？	－		
		b	9．面積のはかり方と表し方	11		音楽会（学芸会）
		A	10．小数のしくみ	13		
		C	11．変わり方調べ	5		
			☆おぼえているかな？	－		
	3学期	A	12．小数のかけ算とわり算	15	小数のわり算プリント	
			☆おぼえているかな？	－		
			★どんな計算になるのかな？	1		
		A	13．分数	9		
		B	14．直方体と立方体	9		
			★かたちであそぼう	1		
			★考える力をのばそう	1		
			★4年のふくしゅう	3		
			★算数おもしろ旅行	2		1／2成人式

CDに収録したエクセルの表で、マイプランを作ってみよう
東京書籍　新編「新しい算数　4年」　年間指導計画作成資料より

5年生のマイ年間プラン

ここがポイント　「小数のわり算ができる」
「分数のたし算ひき算、分数と整数のかけ算わり算ができる」

小学校の算数で、最も内容が過密なのが5年生です。他の教科を少し削ってでも、算数の時間だけは確保することを考えましょう。

1学期　小数のわり算がポイントです。あまりを出す、途中の位で四捨五入、わり進み、の3つの型があります。どの計算も、小数点の移動をどう指導するかが大事です。「波乗り方式」（78ページ）で楽しく理解させるようにすると、効果的です。

公倍数と公約数も1学期に出てきます。春運動会の学校では、全員が理解と習熟をと考えるなら、秋に指導する方が望ましいでしょう。

2学期　通分がスラスラできるためには、教科書には出ていませんが、さかさわり算たすきがけ－連除法－（90ページ）の練習を取り入れましょう。公約数と公倍数の指導が終わったら、簡単な数から少しずつ連除法の練習を進めていき、11月には分母が暗算で出るようになっているのが理想です。

教科書では、単位量あたりの大きさも2学期にありますが、あせって短期間で進めてしまうよりも、比較的ゆとりのある3学期に回すことも考えられます。

3学期　この学期は、分数と整数の乗除計算です。わり算C型が一定のスピードで正確にできると、約分も速く正確にできます。ここで、1学期、2学期の取り組みが生きてきます。

単位量あたりの大きさを3学期に回したとしても、分数計算ができるのであれば、余裕をもって総復習に移れます。

フィードバックしよう！

- C型わり算（126ページ）
- さかさわり算たすきがけ－連除法－（どちらも付録CDに収録）

分数の加減算と単位あたり量がポイント。約分と通分がスムーズにできるために、C型わり算と連除法の習熟をはかる。

第2章 算数進度に遅れをださない
マイプラン（年間指導計画）

学校・クラスに合わせて マイプランをつくってみよう！

		重要度	単元	時	補強の手立て	行事＆他教科のポイント
前期	1学期	B	1．整数と小数	5	C型わり算　50問	学習規律の確立
			☆おぼえているかな？	−		
		B	2．直方体や立方体の体積	10		家庭訪問
		B	3．比例	3		
		A	4．小数のかけ算	12		春運動会
		A	5．小数のわり算	14		
			★どんな計算に なるのかな？	1		水泳指導
			☆おぼえているかな？	−		林間学校準備
		B	6．合同な図形	9		
	2学期	A	7．偶数と奇数，倍数と約数	11		
		A	8．分数と小数，整数の関係	6		
			★考える力をのばそう	2		秋運動会
			★かたちであそぼう	1		
		A	9．分数のたし算とひき算	12	さかさわり算た すきがけー連除 法ープリント	音楽会（学芸会）
			★算数の目で見てみよう	1		
			☆おぼえているかな？	−		
後期		A	10．単位量あたりの大きさ	13		
			☆おぼえているかな？	−		
		B	11．図形の角	7		
		B	12．四角形と三角形の面積	13		
			☆おぼえているかな？	−		
	3学期	C	13．百分率とグラフ	12		卒業関係行事
			★考える力をのばそう	1		
			★かたちであそぼう	1		
		B	14．正多角形と円周の長さ	10		
			☆おぼえているかな？	−		
		A	15．分数のかけ算とわり算	6		
		C	16．角柱と円柱	5		
			★算数の目で見てみよう	2		
			★5年のふくしゅう	3		
			★算数おもしろ旅行	2		

CDに収録したエクセルの表で、マイプランを作ってみよう
東京書籍　新編「新しい算数　5年」　年間指導計画作成資料より

6年生のマイ年間プラン

> **ここがポイント** 「分数のかけ算、わり算と速さ」

　5年生は超過密。実態調査でも5年生の計算力や学習内容の習得率がきわめて低いのが現状です。幸い6年生はスカスカというのが算数の内容です。5年生の内容を中心にできていなかった部分を思いきって「さかのぼり」し復習しながら、卒業に備えます。

1学期　分数の乗除算を完成させます。なぜそうなるのかは理解できなくても、やり方だけはきちんと指導しておきます。逆数をかけるときに、わり算C型の習熟ができていれば、スムーズに進みます。年度初めからでもかまいません。時間をとって30問、50問と進めていきましょう

2学期　速さがポイントです。特に、15分が$\frac{1}{4}$時間というように、分数に換算できる力が求められます。また、1km＝1000m、1m＝100cm というような単位換算が瞬時にできると、速さの問題も解けるようになります。

3学期　3学期は、小学校の総復習という位置づけですから、教科書通りに進めるのではなく、分数と小数の四則計算、単位換算など、中学校でも理科や社会科でも使うことの多い領域を中心に、全員ができるように計画を立てて、再学習をすすめるといいでしょう。

フィードバックしよう！

- さかさわり算たすきがけ－連除法－ジ）（どちらも付録CDに収録）
- わり算C型（126ペー

6年生こそ「さかのぼり指導を」

　中学進学を目前にした6年生だからこそ、さかのぼり指導の意義も理解できます。**「短時間で、毎日継続、昨日の自分と比べる」**というポイントをおさえて、こつこつ取り組みましょう。

第2章 算数進度に遅れをださない
マイプラン(年間指導計画)

学校・クラスに合わせて マイプランをつくってみよう！

		重要度	単元	時	補強の手立て	行事＆他教科のポイント
前期	1学期	B	1．対称な図形	12	さかさわり算たすきがけ－連除法－	学習規律の確立
			☆おぼえているかな？	－		
		B	2．円の面積	6		家庭訪問
		C	3．文字と式	4		
			☆おぼえているかな？	－		
		A	4．分数のかけ算	9		春運動会
			★かたちであそぼう	1		
		A	5．分数のわり算	11		
			★どんな計算になるのかな？	1		
		B	6．角柱と円柱の体積	5		
		C	7．およその面積や体積	3		
後期	2学期	A	8．比と比の値	9		
			☆おぼえているかな？	－		秋運動会
		B	9．拡大図と縮図	8		
			☆おぼえているかな？	－		音楽会（学芸会）
		A	10．速さ	11	わり算C型 50問、100問	
			★算数の目で見てみよう	2		
		A	11．比例と反比例	16		
			★かたちであそぼう	1		
			★考える力をのばそう	2		
			☆おぼえているかな？	－		
		C	12．並べ方と組み合わせ方	6		
			★考える力をのばそう	2		
			☆おぼえているかな？	－		
	3学期	C	13．資料の調べ方	10		卒業関係行事
			☆おぼえているかな？	－		
		A	14．量の単位のしくみ	6		
			★算数の目で見てみよう	2		
			★算数のまとめ	14		
			★算数卒業旅行	10		

CDに収録したエクセルの表で、マイプランを作ってみよう
東京書籍　新編「新しい算数　6年」　年間指導計画作成資料より

● 「前の自分のタイムに勝とう」が合い言葉です

計算星取表	名前		

かったら ○
ひきわけも ○
まけたら ●
はじめはできた数で

(1)

	分 秒	こ てん	
4/15	・	90	
4/16	・	98	○
4/17	4・50		○
4/18	4・57		●
4/19	4・55		○
4/22	4・43		○

4 勝 1 敗

(2)

	分 秒	こ てん	
/	・		
/	・		
/	・		
/	・		
/	・		
/	・		

□ 勝 □ 敗

(3)

	分 秒	こ てん	
/	・		
/	・		
/	・		
/	・		
/	・		
/	・		

□ 勝 □ 敗

(4)

	分 秒	こ てん	
/	・		
/	・		
/	・		
/	・		
/	・		
/	・		

□ 勝 □ 敗

付録CDに収録

第3章 たのしい！アクティブ授業術

これなら誰でもたのしくできる 授業MENU！

- さくらんぼ計算・ピーナッツ計算
  ・とと口の歌 (くり上がりのあるたし算・くり下がりのあるひき算)
- 関所方式・スモールステップ・九九検定 (かけ算)
- リズム口唱法 (たし算・ひき算の筆算)
- ニコニコわり算・ドキドキわり算
- カケルちゃん方式 (2けた×2けた)
- 指かくし法 (÷2けた)
- 波のりチャップン・ピコン・シュワッチ方式 (小数のかけ算・わり算)
- さかさわり算たすきがけ (分数のたし算・ひき算)
- 十字の図 (割合・速さ)

「アクティブ授業術」から出発しよう

　たのしく授業をするために大切なことは「～しなくてはならない」という気持ちを捨て、気楽に授業することです。「教科書どおり教えなければ」「教具は手作りでなければ」「やり方は子どもが見つけなければ」…そんな思い込みがときに挫折を招きます。

　完璧でなくていい、まずは70点の授業を、しかし毎日、着実に続けることです。楽に、たのしい授業をコンスタントにできるようになったら、もっとたのしい授業を、と欲が出ます。そのときさらに専門的な学習をし、探求すればいいのです。

　楽して、たのしい授業をすることは悪いことではありません。そこが入口となって、「楽にたのしくできる方法はもっとないか」「子どもの遊び心をくすぐるやり方は？」という発想で日々考えることができるようになり、教師生活がますますたのしくなるでしょう。

　長年の実践・研究から生まれた「これならだれでもできる」という「アクティブ授業術」のメニューを次ページから紹介していきます。特長は次の４点です。

① 　だれでもすぐマネができて、効果があります。

② 　「遊び心」を生かし、重要ポイントを印象深く頭に刻みこみます。

③ 　子どもが自分からやる気を出して取り組むようになります。

④ 　「できること」を優先しています。まず、どの子もできるようにさせてやる気を引き出します。それから「わかる」ように導く授業を想定しています。

⑤ 　日々の算数授業をたのしくする発想ができるようになります。まずは、マネをしてみてください。手ごたえがあるはずです。

第3章 たのしい！アクティブ授業術

「アクティブ算数」から出発しよう

とと□のうた

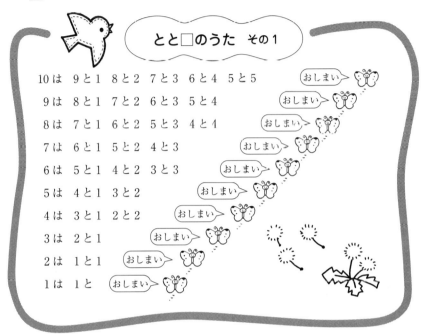

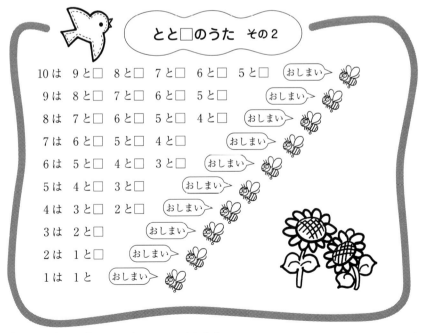

(　　)ねん(　　)くみ (なまえ　　　　　　　　　　　　　　　)

(※MENU1で使います)

MENU 1 10までの数の合成・分解
~さくらんぼ・とと□の歌

 6、7、8、9の合成・分解をたっぷりさせてから、10の合成・分解に入ります。「とと□の歌」（45ページ 付録CDに収録）でリズムよくたのしく習熟させます。

1 6、7、8、9の合成と分解をさせてから、10の合成・分解をします。
　　（なんでも□）

★6の合成と分解
　最初は順番に唱えさせます。

　　　なんでも6をやります。
　　　2と？
　　4。
　　　3と？
　　3。
　　　4と？
　　2……。

★同じようにして、「なんでも7」「なんでも8」「なんでも9」「なんでも10」を、瞬時に答えが言えるように練習します。

第3章　たのしい！アクティブ授業術

2　さくらんぼ計算に慣れる。

　唱えることに慣れるのも大事ですが、プリントやノートに書くことも大事です。ここでは、式として書くのではなく、さくらんぼのように2つに分けて、答えだけを書かせていきます。

　この型のプリントをたくさん作って、いろいろな数で練習させます。式でいうと10までの数のひき算をすることと同じです。

　次のくり上がりのたし算とくり下がりのひき算の準備として、このように練習をくり返します。

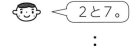

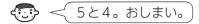

3　逆のさくらんぼ計算も練習を。

　こちらは、くり上がりなしのたし算です。
　どちらのさくらんぼ計算にも慣れてきたら、いろいろな数を混ぜたり、合成と分解を混ぜたりしたプリントで練習もさせます。
　□と○さえ書いておけば、たくさんの練習問題を作ることができるので、習熟のためにはとても簡単な方法です。

4 最後は「とと□の歌（トトロのうた）」（45ページ掲載）でしめる。

「とと□の歌」というのは、10までの数の合成・分解の習熟を短時間でさせるためにはピッタリの方法です。

掲示用の模造紙の大きさ程度のものを作って、それを指しながら唱えさせます。練習用に子どもたちにはカードを渡します。

算数の授業の最初の3分ぐらいを使って、唱えさせます。

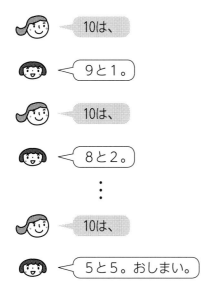

10の補数練習が終わったら、「おしまい。」とリズムよく唱えさせます。

MENU 1	10までの数の合成・分解　1年
	～さくらんぼ・とと□の歌

5　「とと□の歌」最終バージョンを。

仕上げには、とと□の歌でこんなふうにします。

 10は、

9と1、8と2、7と3、6と4、5と5、おしまい。

 9は、

8と1、7と2、6と3、5と4、おしまい。

︙

 1は、

1と、おしまい。

（先行実践・久保齋）

 教科書オンリーでは、こんなミスが

　　10の補数については、教科書では別単元として構成してありますが、他の数の合成・分解については、あまり触れられていません。そのため、くり上がり、くり下がりの計算に入ると、合成と分解でつまずいて、なかなかできるようにならないのです。10までの数の学習のときから補数関係を完璧にしておきましょう。

MENU 2 くり上がりのあるたし算 年
～さくらんぼ・ピーナッツ計算

 分解を「さくらんぼ」、合成を「ピーナッツ」として図式化することとで、計算のやり方がわかりやすくなります。

1 タイルやブロック操作で確認した後、練習問題に入ります。

8＋7、9＋6、7＋8のような5より大きい数のたし算で導入すると、わかりやすいです。

> ☆ かきが右のえだに8こ、左のえだに7こなっています。ぜんぶでなんこなっているでしょう。

 かきが8個と7個、「ぜんぶで」だから、何算になりますか。
　　8＋7＝

たし算です

① 7をさくらんぼにして、2と5。

$$8 + 7 =$$
　　　／＼
　　　2　5

さくらんぼだね！

② 8と2で、ピーナッツを作って10。

ピーナッツだね！

③ 10と残りの5で15です。

計算できたら、となりの人に「さくらんぼ」と「ピーナッツ」を使ってお話してみましょう。

2 補助数字を入れて計算する。

 たし算のお話をしてみましょう。

- 7を2と5に分けます。
- 8と2で10
- 10と残りの5で、答えは15です。

3 9、8、7、6の順に進む。

9＋□→8＋□→7＋□→6＋□の順に進みます。10の補数が小さい順に進めていくと、混乱が防げます。

- 3を1と2に分けます。
- 1と9で10
- 10と残りの2で12。答えは12。

4 はじめは、さくらんぼとピーナッツ計算で進める。

たす数を分けることを「さくらんぼを作る」と言い、10を作ることを「ピーナッツを作る」と言います。

- 6を4と2に分けます。→さくらんぼを作ります。
- 6と4で10。→ピーナッツを作ります。
- 10と残りの2で、答えは12です。

5 慣れてきたら「さくらんぼ」だけで計算を進める。

$$4 + 9 = 13$$
$$\diagup\diagdown$$
$$6\quad 3$$

10のまとまりを作ることはいつも同じなので、さくらんぼだけを作れば答えが出せるようになります。

6 最後は補助数字なしで計算を習熟させる。

$$3 + 9 = 12$$

- 9を7と2に分けます。
- 3と7で10。
- 10と残りの2で12。

このときも唱えながら計算させましょう。

7 計算カード練習のコツ

次の3つのステップでカードを使った計算練習をします。そしてこの順に検定します。

- 9 + □、8 + □の15枚

- 7 + □、6 + □の11枚

- 5 + □、4 + □、3 + □、2 + □の10枚

第3章　たのしい！アクティブ授業術

MENU 2　くり上がりのあるたし算　**1年**
　　　　　〜さくらんぼ・ピーナッツ計算

★たしざんけんていカード★　（見本）

たしざんカード（9＋□、8＋□）ができたよ。	がつ　にち	たしざんカード（9＋□、8＋□）がすらすらできたよ	ふん　びょう
たしざんカード（7＋□、6＋□）ができたよ。	がつ　にち	たしざんカード（7＋□、6＋□）がすらすらできたよ。	ふん　びょう
たしざんカード（5＋□ 4＋□、3＋□、2＋□）ができたよ。	がつ　にち	たしざんカード（5＋□ 4＋□、3＋□、2＋□）がすらすらできたよ。	ふん　びょう
たしざんカードミックスができたよ	がつ　にち	たしざんカードミックスがすらすらできたよ	ふん　びょう

※左は、それぞれすらすら言えた月日を記入。順に下までします。
※右は、左の検定に合格したあと、タイムを順に計り記入します。
（付録CDに収録）。

　教科書オンリーでは、こんなミスが

　この計算に入る前段階として、10の補数のほかに、9、8、7、6の合成と分解の練習が必要です。2と6で8、8は6と2など。9月ごろから「ととロの歌」をやっておくと、スムーズに計算できるようになります。また、タイルやブロック操作は、導入から2、3時間で切り上げて、さくらんぼ＆ピーナッツ計算へと早目に移行することも大事です。

MENU 3 くり下がりのあるひき算 年
～さくらんぼ・ピーナッツ計算

 分解を「さくらんぼ」、合成を「ピーナッツ」とし、さらに補助線を1本加えます。ひき算のやり方がよくわかる図になります。

1 タイルやブロック操作で確認した後、練習問題に入ります。

11－3 や 12－9 のような問題で導入すると、わかりやすいです。

☆ みかんが11こありました。3こたべました。のこりはいくつでしょう。

 「残りは」だから、何算になりますか。
11－3＝

ひき算です

① 1から3はひけません。11を10と1に分けて、ひき算さくらんぼを作ります。

$$11-3=8$$
  10　1

② 10から3をひいて7。

$$11-3=8$$
  10　1
   ⑦

③ 7と残りの1でピーナッツを作ります。

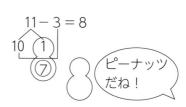

ピーナッツ
だね！

④ こたえは8です。

計算できたら、となりの人にお話してみましょう。

2 補助数字を入れて計算する。

ひき算のお話をしてみましょう。

11 − 3 = 8

- 1 から 3 はひけません。
- 11 を 10 と 1 に分けます。
- 10 から 3 をひいて 7。
- ⑦と残りの 1 で、答えは 8 です。

3 11、12、13…の順に進む。

11 − □ ができたら同じようにして 12 − □ → 13 − □ の順に進みます。10 と○に分けたとき、残りの○と□を合わせた答えが小さい順に練習していくと、まちがいが少ないからです。

12 − 5 = 7

① 2 から 5 はひけません。
② 12 を 10 と 2 に分けます。
③ 10 ひく 5 は 5。
④ ⑤と残りの 2 で、答えは 7 です。

4 はじめは、さくらんぼとピーナッツ計算で進める。

たし算のときと同じように「さくらんぼ」と「ピーナッツ」を作るのですが、ひき算の場合は 10 からひくという補助線がもう 1 本加わります。どの数字がどの計算なのかわからなくなってしまうので、[1]−③の①の⑦や[3]の②の⑤のように、○つき数字を使います。

5　慣れてきたら、「ピーナッツ」だけで計算を進める。

15－7＝8　　　　　だんだん慣れてきたら、さくらんぼなし計算に移行
　③　　　　　　　して、「ピーナッツ」だけを残していきます。
15－7＝8　　　　　最後には、10－7の答えである③だけを書いて計算
　③　　　　　　　できるようにします。

6　最後は補助数字なしで計算を習熟させる。

12－9＝3

このときも、唱えながら計算させましょう。

- 2から9はひけません。
- 12を10と2に分けます。
- 10から9をひいて1。
- 1と2で、答えは3です。

7　計算カード練習のコツ

- 11－□、12－□の15枚
　↓
- 13－□、14－□の11枚
　↓
- 15－□、16－□、17－□、18－□の12枚

の3つのステップで練習と、検定をします。

第3章 たのしい！アクティブ授業術

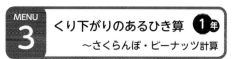

MENU 3 くり下がりのあるひき算 1年
～さくらんぼ・ピーナッツ計算

★ひきざんけんていカード★（見本）

ひきざんカード（11－□、12－□）ができたよ。	がつ　にち	ひきざんカード（11－□、12－□）がすらすらいえたよ。	ふん　びょう
ひきざんカード（13－□、14－□）ができたよ。	がつ　にち	ひきざんカード（13－□、14－□）がすらすらいえたよ	ふん　びょう
ひきざんカード（15－□、16－□、17－□、18－□）ができたよ。	がつ　にち	ひきざんカード（15－□、16－□、17－□、18－□）がすらすらいえたよ	ふん　びょう
ひきざんカード（ぜんぶのカード）ができたよ。	がつ　にち	ひきざんカード（ぜんぶのカード）がすらすらいえたよ。	ふん　びょう

※進め方はくり上がりのあるたし算の検定と同じです。左欄をしてから右欄のタイム計測をします（付録CDに収録）。

11－4

教科書オンリーでは、こんなミスが

教科書では最後に、ひく数を分ける計算が出てきます。

> 12－9＝3では、9を2と7に分けます。2ひく2は0。10－7は3です。

この段階で、ひく数を分解する方法（減減法）を教えると、せっかく覚えた減加法を忘れてしまいます。3学期になってある程度のスピードと正確さでひき算ができるようになってから、減減法を教えるといいでしょう。

057

かけ算
～関所方式・スモールステップ・九九検定

MENU 4 （2年）

かけ算の意味を理解させるとともに、九九をたのしく覚える手立てとして、教室の出入りの時に唱える関所方式やカードを使った九九検定を進めていきましょう。

1 導入は5×7で。（5の段からはじめよう！）

> ☆ 1さらにクッキーが5まいずつ入っています。おさら7まい分では、クッキーは何まいになるでしょう。

教科書では、5この3さら分という導入が多いのですが、これではかけ算の良さがわかりにくいです。

5こ×3さら分……5こ＋5こ＋5こ＝15こ

これでは、わざわざ苦労して九九を覚えなくてもたし算で答えが出てしまいます。ところが、7さら分となると瞬時には答えが出ません。

 5この7さら分はいくつでしょう。

 5こ＋5こ＋5こ＋……？？？

 すぐにはわからないね。こういうときにとても便利な計算の仕方があるんだよ。それがかけ算です。みんなが九九って言っている計算のことです。これを使えば、5×7＝35と、すぐに答えが出ます。

○ 式に単位をつけることも習慣づけておきます。
　式　5（こ）×7（さら）＝35（こ）
　　　　　　答え　35こ

○ 5の段の九九になる具体的な（桜の花びら5枚、手の指5本）ものを探させるとイメージがつかめます。

●関所方式でマスター

　かけ算九九を唱えるのに子どもが熱中する方法が「関所方式」です。
- 教室の前と後ろに5の段の九九を書いた掲示物を貼る。
- 学校に来て教室に入るとき、1回唱える。下校するときも1回唱える。
- 昼休みのとき教室を出るときに1回、戻ってきたときに1回唱える。

　1週間で、次の段に変えます。楽しいですよ。

●九九お助けシートを見ながら

　5の段の学習が始まったときから、九九お助けシート（6ページ参照・付録CDに収録）を配ります。
- 遅れがちな子は見ながら問題を解ける
- 進んだ子はどんどん九九を覚えられる

　かけ算カードを活用する学校が多いですが、同時に使えます。

2　次に2の段を唱える。

　5とび、2とびの数え方は、1年生でもやってきているので、答えを見つけたり、九九の練習をするときも、あまり抵抗感がなく進めることができます。
- 上がり九九　・下がり九九　・バラバラ九九　など練習させます。

　スモールステップを作って検定していきます。

　2の段の具体例もさがしましょう。
　　ウサギの耳は1わあたり2本
　　自転車のタイヤは1台あたり2個

3　さらに3の段、4の段

　3の段の具体例：3色だんご1本あたりだんご3こ
　4の段の具体例：自動車1台あたりタイヤ4こ

　4の段は、7の段・8の段とならんで唱えにくく、つまずきやすいのでていねいに教えます。

4　6の段

　ここから数がぐっと大きくなります。
　具体例：カブトムシ1ぴきあたり足6本

5　7の段、8の段

唱えにくいので、じっくり取り組みましょう。

●2＋5＝7の段

2の段の答えと5の段の答えをたすと7の段の答えになります。

$2 \times 1 = 2$　$5 \times 1 = 5$　$7 \times 1 = 7$
$2 \times 2 = 4$　$5 \times 2 = 10$　$7 \times 2 = 14$

というように、教えていくと子どもたちも覚えやすいです。

7の段の例：ナナホシテントウ　1ぴきあたり星7こ
8の段の例：タコ1ぴきあたり足8本

6　9の段

このあたりまでくると、子どもたちも練習に飽きてきて、覚えるスピードが鈍ることがあります。でも9の段は答えの1の位が1ずつ減っていくことと、唱えやすいこととで、覚えやすい九九なのです。

九一　が9、九二　18、九三　27、九四　36、九五　45
九六　54、九七　63、九八　72、九九　81

7　0の段、10の段もいっしょに

教科書では、0のかけ算や10のかけ算は別の学年に入っていますが、学級が九九ブームのときにいっしょに教えてしまうといいでしょう。

〈0のかけ算〉

おさらにはみかんが0こ、そのおさらが何枚あってもみかんは0こです。だから、0の段のかけ算の答えはぜんぶ0です。

〈10のかけ算〉

唱え方は　じゅいちが　10、じゅに　20、じゅさん　30、じゅし　40（しじゅう）
　　　　　じゅご　50、じゅろく　60、じゅしち　70、じゅはち　80
　　　　　じゅく　90、じゅじゅ　100

リズムがいいので、すぐ覚えられます。

MENU 4　かけ算　2年
〜関所方式・スモールステップ・九九検定

8　かけ算九九検定の進め方

　かけ算カードを使って、検定していくのですが、この3つのステップを作っておくと、早く覚えられた子どもは全部にチャレンジできるし、苦手な子どもはばらばら九九だけを集中して覚えればいいので、クラス全体のブームが長続きします。

- 検定は、それぞれの段のかけ算学習が終わったら始める。
- やり方は、九九カードをくりながら20〜30秒で言えたら合格。上がり九九、下がり九九、ばらばら九九の順に進む。
- 合格したら「九九けんていカード」（付録CDに収録）にシールを貼ってやる（または○をつける）。
- ただし、一人ひとり聞くのではなく、一斉指導で検定する。「7の段の上がり九九にチャレンジする人、立ちましょう」「よーい、スタート！」（30秒で）「ストップ！」「合格した人は、検定カードにチェックしてください」。
- どの子も、「ばらばら九九だけは20〜30秒で言えることを目標にする。
- 苦手な子は、ばらばら九九だけを集中して練習させ、毎日最低1回は聞いて励ましてやる。

　このようにすれば、クラス全体のブームも長続きします。

※2の段から10の段まで、上がり九九→下がり九九→ばらばら九九→タイム計測の順に進めます。
※ばらばらができたら、九九はマスターしたと考えてOKです。

教科書オンリーでは、こんなミスが

　2の段、5の段、3、4と教科書の順番に進めていくと、6の段、7の段、8の段のところまでたどり着いたら、なかなか覚えられないのと飽きがきたのとで、進むスピードが落ちてしまいます。2学期中に全員に九九を覚えさせたいのだったら、簡単な段とむずかしい段をサンドイッチのようにして、進めていくといいでしょう。

MENU 5 たし算・ひき算の筆算
～リズム口唱法

たし算やひき算の筆算を学習するときには、大型の黒板用タイル（※）を使うととてもわかりやすくなります。

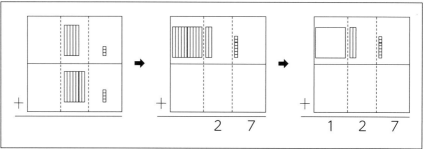

※大達和彦先生作成のものがおススメです。
連絡先　dachi@c-able.ne.jp

さらに、計算手順をマスターするのに適している方法が、「リズム口唱法」です。計算手順をみんなでリズムよく唱えるのです。

1　たし算

くり上がり1回

「53＋74 は」
「一の位は、3＋4は、7」
「十の位は、5＋7は、12。
　百の位に1くり上がる」
「こたえ、127」

くり上がり1回

「57＋28 は」
「一の位は、7＋8で、15。
　十の位に、1くり上がる」
　　（5の左肩、線の上に小さな1を書く）
「十の位は、5＋2は、7。7＋1は、8」
「こたえ、85」

第3章　たのしい！アクティブ授業術

★ポイント

くり上がりの1は、線の上に小さく補助数字として書かせて、ステップを小さくします。左肩に小さく書くというルールです。「赤ちゃん数字」と名付けます。

教科書のように1を上に書くよりミスが少なくなります。

また3年生のかけ算の学習でも、このように「補助数字は、左肩に小さく書く」と統一できます。

くり上がり2回

「86＋67は」
「一の位は、6＋7は13。
　十の位に1くり上がる」
「十の位は、8＋6は14。
　14＋1は15」
「こたえ、153」

くりくり上がり（波及的くり上がり）

「26＋79は」
「一の位は、6＋9は15。
　十の位に1くり上がる」
「十の位は、2＋7は9。
　9＋1は、10。
　百の位に1くり上がる」
「こたえ、105」

063

2　ひき算

むずかしいのは、ひき算です。子どものつまずきはひき算に多いのです。じっくり取り組みましょう。

```
  1 2 6
－   5 2
```

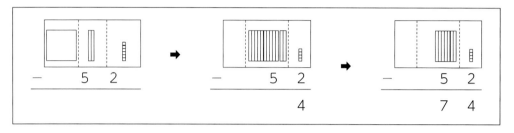

くり下がり1回

```
  1 2 6
－   5 2
    7 4
```

😊「126－52 は」

「一の位は、6－2は、4」黒板の一の位のタイル2こを取り除きます。

「十の位は、2－5は、ひけません。

百の位から1くり下げて、10。

12－5は、7」黒板の十の位のタイル5本を取り除きます。

「こたえ、74」

くり下がり2回

「135－48 は」

「一の位は、5－8は、ひけません。

十の位から1くり下げて10。

15－8は、7」

「十の位は、1くり下げたので2。

2－4は、ひけません。百の位から1くり下げて10。

12－4は、8」

「こたえ、87」

★ポイント　くり下がりの補助数字10を小さく書きます。
　　　　　ここでは、1ではなく10にします。

第3章 たのしい！アクティブ授業術

| MENU 5 | たし算・ひき算の筆算 5年 ～リズム口唱法 |

くりくり下がり（波及的くり下がり）

これが最もむずかしいひき算です。

「102－57は」

「一の位は、2－7はひけません。
　十の位からも下ろせません。
　百の位から十の位に1くり下げて10。
　十の位から一の位に1くり下げて10。
　12－7は5」
「十の位は、1くり下げたので9。
　9－5は4」
「こたえ、45」

★ポイント　　百の位から1くり下げて、十の位に10とまず補助数字を書きます。それから、一の位に1くり下げるので「10を1小さくして9」とわかりやすくします。

 教科書オンリーでは、こんなミスが

　くり上がり1回のたし算では、くり上がりの1を上に書くと、十の位のたし算が、1＋5＋2となります。5＋2＋1より計算しにくく、ミスが出やすいです。
　くり下がりのひき算では、補助数字の10を書かないと念頭操作のしにくい子どもはなかなかできません。

MENU 6 わり算
～「ニコニコわり算」と「ドキドキわり算」

「ニコニコ」と「ドキドキ」というたとえ話を使うことで、わり算に2種類あることが、子どもによくわかります。

わり算には2つの種類があります。

1 ニコニコわり算（等分除）

☆ みかんが12こあります。
4人に同じように分けます。
1人分は何こになりますか。

1こずつ分けていくと、1人分3こになります。

どの子も同じ数ずつ分けてもらってニコニコしているので「ニコニコわり算」と子どもに教えます。ニコニコわり算は、1あたり量を求めるわり算です（むずかしい言葉では等分除といいます）。

　式は、12÷4＝3
　式に単位をつけると、12こ÷4人＝3こ／人

<u>　　　　　　　　　　　　　　　　　　　　　答え　1人分は3こ</u>

「3こ／人」は、「1人あたり3こ」と読みます。
「／」を「パー」と読んで、「3こパー人」ともいいます。

2 ドキドキわり算（包含除）

> ☆　りんごが12こあります。1人に3こずつに分けていくと、何人に分けられますか。

順番に並んでいる子が、「ぼくまでもらえるかな」と、ドキドキしながら待っているので「**ドキドキわり算**」と教えます。「ドキドキわり算」は、「**いくつ分**」を求めるわり算です（むずかしい言葉で包含除といいます）。

式は、12÷3＝4

式に単位をつけると、12こ÷3こ／人＝4人

答え　4人

このように、わられる数の単位「こ」が、答えでは「人」に変わっています。「変身した！」と気づかせます。これがニコニコわり算とちがうところです。

★ あまりのある問題～マルマル（モリモリ）

> ☆　キャンディーが、41こあります。これを7人で同じように分けると、1人あたり何◯になって、何◯あまりますか。

あまりのある問題は、

① 計算がむずかしい

② 答えの単位が2つあり、ややこしいです。この計算も、あまりを出すときにくり下がりがある基本わり算Ｃ型（付録ＣＤに収録）の問題です。そこで、「マルマル」と言いながら、☐の中のように、答えに対応する単位を丸で囲ませましょう。

　41÷7＝5あまり6

答え　1人あたり5こで、6こあまる

★作問させましょう。このように、子どもに問題を作らせて、ミニ問題集を作るとたのしいです。

ニコニコわり算の問題例

36本のえんぴつがあります。9人に同じように分けます。1人分は何本になりますか。（南）

42cmのリボンを7人で同じ長さに分けると、1人分は何cmになりますか。（新田）

18まいのシールを6人に同じ数ずつ分けると、1人分は何まいになりますか。（太田）

72cmのひもを9人で同じ長さに分けます。1人分は何cmでしょうか。（清水）

35まいの色紙を5人に同じ数ずつ分けます。1人分は何まいになりますか。（松井）

ドキドキわり算の問題例

48cmのリボンを8cmずつに切ります。何本のリボンがとれますか。（伊東）

3年1組は35人います。7人ずつのグループを作ると、グループはいくつできるでしょうか。（栄田）

56まいの色紙を1人に8まいずつあげます。何人にあげられますか。（中川）

あめが24こあります。1人に8こずつプレゼントすると、何人にプレゼントできるでしょう。（舟川）

48cmのリボンを8cmずつに切ります。何本のリボンがとれますか。（三田）

第3章　たのしい！アクティブ授業術

MENU 6　わり算　**3年**
〜「ニコニコわり算」と「ドキドキわり算」

あまりのあるわり算の問題例

> 9つのふくろに32kgのさとうを同じ重さになるように分けます。1ふくろは何kgずつになって、何kgあまりますか。
> （谷山）

> 43このみかんを1人に9こずつあげます。何人にあげられて、何こあまるでしょうか。
> （山田）

教科書オンリーでは、こんなミスが

> りんごが12こあります。1人に3こずつ分けていくと、何人に分けられますか。

　12÷3＝4　　答え　4こ×　→　4人　が正しい

式に単位をつけない場合は、ドキドキもニコニコも同じような式になるので、とくにドキドキわり算のときに単位をまちがえるミスが多くなります。

　また、教科書では、「ニコニコわり算」のあと、すぐに「ドキドキわり算」が出てきます。

　まず、「ニコニコわり算」でわり算の計算に十分慣れてから、「ドキドキわり算」に入るようにします。そして、わり算には2種類あることを教え、問題を見たら「ニコニコか、ドキドキか、どっち」と考えるようにさせると、ミスは減ります。

　「問題文の答えの単位に丸をつけなさい」と指示し、この場合なら「何人の人に丸」（例：「何⼈に分けられ…」）をつけさせることもミスを減らす方法です。

MENU 7　2けた×2けたのかけ算 3年
～カケルちゃん方式

「カケルちゃん」というキャラクターとして扱うことで、何と何をかけているかわかりやすくなり、計算手順を楽しく唱えながら定着していきます。

　2けた×2けたの計算がスラスラとできるようにすることは、3年生の大きな山場です。

　これがのろのろと間違いだらけだと、4年生のわる2けたの計算で頭を打ってしまいます。

　逆に、2桁×2桁ができることで算数に対する自信を持ち、算数好きになっていきます。

1　「カケルちゃん方式」で印象づける

黄色の画用紙で左のような形の貼り物を作ります。
パウチをすると強くなります。
(11ページ参照・付録CDに収録)

名付けて「カケルちゃん方式」です。

「下からカケル～、右からカケル～」を呪文のように唱えます。

一の位から順に計算することが自然に身につきます。

第3章 たのしい！アクティブ授業術

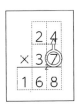

（かける数の一の位の計算）
「下からかける〜、右からかける〜」
「七四 28（補助数字の2を左図のように小さく書きます。）」
「七二 14で（くり上がりの2をたして）168」

（かける数の十の位の計算）
「下からかける〜、右からかける〜」
「三四 12（補助数字の1を小さく書きます）」
「三二が6で（くり上がった1をたして）72」
「一の位は8、十の位は6＋2＝8、百の位は1＋7＝8、で888」

① 何と何をかけているかわかりやすくなります
② 計算手順を楽しく唱えます。「下からカケル〜、右からカケル〜」
③ 補助数字（赤ちゃん数字）を左肩に小さく書きます
④ 階段型の破線を入れたプリントにする

この4点でとてもわかりやすくなります。

2 つまずきやすい型をていねいに

子どもがつまずきやすい型は、

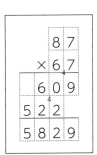

左のように、七七49で4くり上がり、さらに、七八56で56＋4となり、60で百の位もくり上がる、これが二段目もあるような型です。

77×77 型といいます。ていねいに練習させましょう。

左の問題は、最後のたし算にもくり上がりがある、最も難しい問題です。これができれば卒業です。

071

3 「かけ算ペアマッチ」でたのしく練習

　2けた×2けたの練習にぴったりな「かけ算ペアマッチ」(次ページ)を使うと、たのしく練習できます。

　これはかける数とかけられる数を入れかえても答えが同じになることを活用しています。

　座席の隣どうしのペアでします。

- ●1人が左の問題をする。
- ●ペアのもう1人が右の問題をする。
- ●答えが同じなら丸をつけ、次の問題に進む。

　ぼくは 19×67　　わたしは 67×19

こうすれば、たのしく練習でき、学習で子どもたちがつながることができます。
　　(このプリントは、1人用としても使えます)
プリントでなくても「ペアマッチ」はできます。

- ●1人が問題を出す。
- ●隣の子が計算する。
- ●問題を出した人は、かける数とかけられる数を入れかえた計算をする。
- ●2人の答えが同じになったら、出題者をチェンジし、新たな問題をする。

　ぜひお試しください。

 教科書オンリーでは、こんなミスが

　計算手順がわかっていても、77×77型のようにくり上がりが多い計算はよくつまずきます。教科書の練習問題では、いっぺんに出てきますから、くり上がりのある型をとりたててていねいに扱うことが大切です。

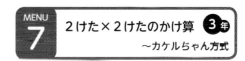

かけ算ペアマッチ(1)
(□□×□□　まとめ)

★2つの答えが合ったら、（　）に○をつけて、次に進もう。

3年　　組　名前（　　　　　　　）

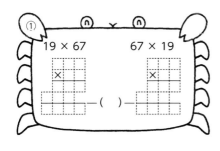

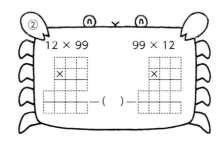

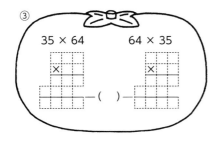

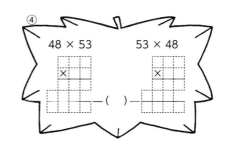

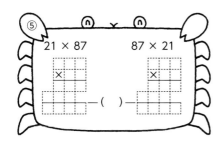

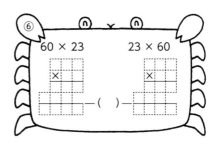

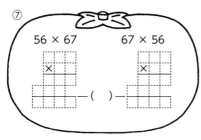

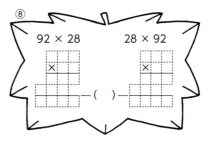

（付録CDに収録）

÷2けたのわり算
～指かくし法

4年

指かくし法では、よけいな数字をかくすので、商がどの位から立つか、何が立つかが、ひと目でわかります。

1 片手かくし（板書に役立つ片手かくしグッズは10ページ　付録CDに収録）

どこの位から商が立つか調べるのが「片手かくし」です。

> ☆　3)854 を計算しましょう。

3)8❓4
　　　　　　　5を人差し指でかくします。
　　　　　　　このとき、「**片手かくし！**」とコールします。
　　　　　　　8÷3は、できるので、百の位（8の上）に商が立つ。

3)8❓4（○）
　　　　　　　よって「8÷3は、**ヨシ！**」とコール（立たないときは「ダメ！」とコール）。

《商が立たないとき》

> ☆　3)254 を計算しましょう。

3)2❓4
　　　　　　　「**片手かくし！**」と、5を人差し指でかくします。
　　　　　　　2÷3は、0が立ちます。
　　　　　　　でも最初の0は書きません。

3)2❓4（×）
　　　　　　　だから、百の位には商は立たないのです。
　　　　　　　そこで、「2÷3は、**ダメ！**」とコールします。

次に、4を人差し指でかくします。
「これなら商が立つので、「25÷3は、ヨシ！」とコール。
つまり、十の位に商が立ちます。

2　両手かくし

÷2けたで、何が立つか調べるのが「両手かくし」です。

☆　21)63 を計算しましょう。

60÷20は、6÷2と同じだから、一の位をそれぞれ手でかくして6÷2と考えます。これを「両手かくし」と言います（③参照）。

コールはこうなります。

① 21)63	① 「たてる！」 「片手かくし！」「6÷21は、ダメ！」
② 21)63	② 「63÷21は、ヨシ！」 （一の位に商が立つと確認）
③ 21)63	③ 「両手かくし！」「6÷2は、3」
④ 21)63 　　63 ⑤ 　　 0	④ 「かける！」 「21×3は、三一が3、三二が6で、63」 ⑤ 「ひく！」 「63−63は、0」

3　たてる、かける、ひく、おろす

わり算の計算は、「たてる」「かける」「ひく」「おろす」のくり返しで計算できます。この手順（アルゴリズム）も最初からおさえていきます（「おろす」は後の問題で出ます）。

このことを、「わり算は、たてかけひくおさん」と、名前のようなキャッチフレーズにして印象づけます。

4 仮商修正

子どもがよくつまずくのが、立てた商を1ずつ小さくしていく仮商修正です。

> ☆ 26)65̄ を計算しましょう。

60÷20と考えて、はじめに見当をつけた商（仮の商、と呼ぶ）3を立てますが、オーバーするので、「やりなおし、たてる」とコールして「3を1小さくして2」とします（⑤参照）。

① 26)6̸5̸	① 「たてる！」 「片手かくし！」「6÷26は、ダメ！」
② 26)65	② 「65÷26は、ヨシ！」 （一の位に商が立つと確認）
③ 　　3 　2̸6̸)6̸5̸	③ 「両手かくし！」「6÷2は、3」
④ 　　3 　26)65 　　78	④ 「かける！」 「26×3は、三六18、三二が6で、78、オーバー！」
⑤ 　　2 　　3̸ 　26)65	⑤ 「やりなおし、たてる！」 「3を1小さくして2」
⑥ 　　2 　　3̸ 　26)65 　　52 ⑦　　13	⑥ 「かける！」 「26×2は、二六12、二二が4で、52、ＯＫ！」 ⑦ 「ひく！」 「65－52は、13」「65÷26は、2あまり13」

5 ÷2けたの基本形

いよいよ基本形です。

> ☆ 12)387 を計算しましょう。

MENU 8　÷2けたのわり算　4年
～指かくし法

① × 　12)387 　　×○ 　12)387	① 「たてる！」 　「片手かくし！」「3÷12 は、ダメ！」「38÷12 は、ヨシ！」（十の位に商が立つと確認）
② ×3 　12)387	② 「両手かくし！」「3÷1 は、3」
③ 　　　3 　12)387 　　36 　　　27 ④ ⑤	③ 「かける！」 　「12×3 は、三二が6、三一が3で、36」 ④ 「ひく！」「38－36は、2」 ⑤ 「おろす！」「7おろして、27」
⑥ 　　　32 　12)387 　　36 　　　27	⑥ 「たてる！」★ 　「両手かくし！」「2÷1 は、2」
⑦ 　　　32 　12)387 　　36 　　　27 　　　24 ⑧　　　3	⑦ 「かける！」 　「12×2 は、二二が4、二一が2で、24」 ⑧ 「ひく！」 　「27－24 は、3」「387÷12 は、32あまり3」

○「たてる！」からみんなでコールしながら計算すると手順がよくわかり、定着します。

○2回目の「たてる！」（★印）の「両手かくし」は、指の置き方をよく確かめます。

○3けた÷2けたまでに、「手かくし法」や「たてる・かける・ひく」を教えていき、ここで「おろす」を加えて完成となります。

教科書オンリーでは、こんなミスが

教科書では、3けた÷2けたの基本形の計算法をおさえた後の練習問題では、すぐに仮商修正のあるものを扱っています。これではできない子が続出です。まず、基本形の練習問題をたっぷりやり、次の時間に仮商修正のある問題にじっくり取り組みましょう。

MENU 9 小数のかけ算
～波のりチャップン方式

  4・5年

 この方法を使えば、小数点以下のけた数をたのしく正しく数えられます。何と何をかけるかも混乱しません。

小数のかけ算では、積（かけ算の答え）の小数点をどこに打つかがポイントです。

1 小数×整数（4年）

> ☆　　2.13
> 　×　　6　　の計算をしましょう。

① 　2.1 3
　×　　 6
　　1 2 7 8

② 　2.1 3　　チャップン
　×　　 6　　チャップン
　　1 2 7 8

③ 　2 1 3
　×　　 6
　　1 2.7 8　チャップン
　　　　　　チャップン

まず、小数点は無視して、整数同士のかけ算と考え計算します。

　小数点より下のけた数を数えるとき、波のように、「**チャップン**」と唱えさせます。小数点以下が2けたなら、「チャップン、チャップン」となります。

　波は、寄せてはかえすので、チャップンの数だけもどって、積の小数点を打ちます。これを「**波のりチャップン方式**」と名づけます。

　みんなでコールしながら、たのしく扱いましょう。

チャップン

2 トル型……0の消し忘れをふせぐ

> ☆　　1.45
> 　×　　56　　の計算をしましょう。

子どもがよくミスするのは、積の最後の0の消し忘れです。まちがい例から気づかせます。

このような問題は0をとるので、「トル型」と名づけ、とりたてて教えます。

ななめ線は、左上から右下に引きます。でないと、数字の「1」のようになってしまうからです。

3 整数×小数（5年）

☆　　2 4
　×　3.7　の計算をしましょう。

さかのぼり指導～「カケルちゃん方式」（MENU 7参照）

まず、3年で学習した2けた×2けたの計算の復習をします。

名づけて「カケルちゃん方式」です。
11ページの「かけるちゃんグッズ」を使います。

① 　2 4
　×　3 7

② 　2 4
　×　3 7
　　　　8

③ 　2 4
　×　3 7
　　1 6 8

④ 　2 4
　×　3 7
　　1 6 8
　　7 2
　　8 8 8

（かける数の一の位の計算）
「下からかける～　右からかける～」
「七四　28（補助数字の2を小さく書きます）」

「七二　14で（くり上がりの2をたして）168」

（かける数十の位の計算）
「下からかける～　右からかける～」
「三四　12（補助数字の1を小さく書きます）」
「三二が6で（くり上がりの1をたして）72」
「一の位は8、十の位は6＋2＝8、百の位は1＋7＝8、で888」

⑤　　2 4
　×　3.7　↷チャップン
　　1 6²8
　　7¹2
　　8 8.8　↶チャップン

ここから、「**波のりチャップン方式**」でいきます。
「チャップン」

「チャップン」（もどる）

※補助数字（赤ちゃん数字）の書き方は、110ページを見てください。学年や学校で統一すると、つまずきが防げます。（付録CDに収録）

4 小数×小数（5年）

☆　　2.3
　×　3.6　の計算をしましょう。

① 　　2.3
　×　3.6
　　1 3 8
　　6 9
　　8 2 8

「下からカケル〜右からカケル〜」
「六三18、六二12で138」
「下からカケル〜」「右からカケル〜」
「三三が9、三二が6で、69」
「828」

② 　　2.3↷
　×　3.6↷
　　1 3 8
　　6 9
　　8.2 8↶

「チャップン」……………1つ
「チャップン」……………1つ
「チャップン、チャップン」…2つ

☆　4.21×3.4を筆算で計算しましょう。

　　　4.2 1↷
　×　　3.4↷
　　1 6 8 4
　　1 2 6 3
　　1 4.3 1 4

小数のかけ算では、おしりをそろえます。
（小数のたし算とちがって、位をそろえるのではないことに要注意）
「チャップン、チャップン」……2つ
「チャップン」………………1つ

「チャップン、チャップン、チャップン」…3つ

第3章 たのしい！アクティブ授業術

> **MENU 9** 小数のかけ算 4・5年
> 〜波のりチャップン方式

5 さまざまな型

トル型　（小数点以下のおわりの0をけす）

　「チャップン、チャップン」
　　　「チャップン」

　　　「チャップン、チャップン、チャップン」
　　　「トル、トル」　（0を消す）

ツケ型　（0や小数点をつけ加える）

　「チャップン、チャップン」
　　　「チャップン、チャップン」

　　　「チャップン、チャップン、チャップン、チャップン」
　　　「ツケ、ツケ、ツケ」（2つ目のツケは小数点）

ツケトル型　（0をつけ加え小数点以下のおわりの0をけす）

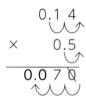

　「チャップン、チャップン」
　　　「チャップン」
　　　「チャップン、チャップン、チャップン」
　　　「ツケ、ツケ、ツケ」（2つ目のツケは小数点）
　　　「トル」

 教科書オンリーでは、こんなミスが

> 教科書のような進め方だけでは、おもしろみがなく、さまざまな型のかけ算も印象に残りません。アクティブ授業術で「笑顔のある教室」にしましょう。

MENU 10 小数のわり算 〜シュワッチ方式

計算は合っているのに小数点をつけ忘れて×。だったら計算する前に小数点をつけてしまおう。シュワッチ方式はそれを印象づけます。

1 小数÷整数

☆ 5)7.5 を計算しましょう。

小数÷整数では、商の小数点は、わられる数の小数点の真上につけます。

① 5)7↑5

② 　1.5
　5)7.5
　　5
　　2 5
　　2 5
　　　0

ウルトラマンが、空に向かって真上に飛んでいくように、

「シュワッチ！」とコールして、**商の小数点を先につけてしまいます。**

後は、ふつうの整数のわり算と同じように計算します。

「シュワッチ方式」と名づけ、たのしく進めます。

2 さまざまな型

前ツケ型（前に0をつけ加える）

① 7)4↑76	①「シュワッチ！」と、小数点をつける。
②　0． 　7)4.76	②「たてる！」「4÷7は、0が立つ」と、0を書く。
③　0.6 　7)4.76 　　4 2 　　　5 6	③「たてる！」「47÷7は6」 「かける！」「六七42」 「ひく！」「47－42は5」 「おろす！」「6おろして56」

第3章 たのしい！アクティブ授業術

| ④ $\begin{array}{r} 0.68 \\ 7\overline{)4.76} \\ 4\,2 \\ \hline 5\,6 \\ 5\,6 \\ \hline 0 \end{array}$ | ④「たてる！」「56÷7は、8」
「かける！」「八七56」
「ひく！」「56－56は0」
「答え、0.68」 |

後ろツケ型（後ろに0をつけ加える）

① $12\overline{)17.4}$ ↑	①「シュワッチ！」
② $\begin{array}{r} 1. \\ 12\overline{)17.4} \\ 12 \\ \hline 5\,4 \end{array}$	②「たてる！」「17÷12は、1」 「かける！」「一二が2、一一が1」 「ひく！」「17－12は5」 「おろす！」「4おろして54」
③ $\begin{array}{r} 1. \\ 12\overline{)17.4} \\ 12 \\ \hline 5\,4 \end{array}$（両手かくし）	③「たてる！」「両手かくし」「5÷1は、5」 「かける！」「五二10、五一が5で60、オーバー！」
④ $\begin{array}{r} 1.\cancel{5}\,5 \\ 12\overline{)17.4} \\ 12 \\ \hline 5\,4 \\ 4\,8 \\ \hline 6\,0 \\ 6\,0 \\ \hline 0 \end{array}$	④「やりなおし、たてる！」「5を1小さくして4」 「かける！」「四二が8、四一が4で48、OK！」 「ひく！」「54－48は6」 **後ろに0を書きたして、60÷12」「60÷12は、5」** 「かける！」「五二10、五一が5で60」 「ひく！」「60－60は0」　　「答え、1.45」

前後ろツケ型

① 32)24	
② 32)24.0	②「後ろに小数点と0を書きたして」 「シュワッチ！」 「たてる！」「24÷32は、0がたつ」と、0を書く。
③ 0.8 32)24.0	③「たてる！」「両手かくし」「24÷3は8」 「かける！」「八二16、八三24で256、オーバー！」
④ 0.$\overset{7}{\cancel{8}}$ 32)24.0	④「やりなおし、たてる！」「8を1小さくして7」
⑤ 0.7 32)24.0 　 22 4 　　 1 6 0	⑤「かける！」「七二14、七三21で224、OK！」 「ひく！」「240−224は、16」 **「後ろに0を書きたして、160÷32」**
⑥ 0.75 32)24.0 　 22 4 　　 1 6 0 　　 1 6 0 　　　　 0	⑥「たてる！」「両手かくし」「16÷3は5」 「かける！」「五二10、五三15で160」 「ひく！」「160−160は0」　「答え、0.75」

3 わりきれない型・四捨五入〜四角方式

☆　12÷7の商を、四捨五入で、$\frac{1}{100}$の位までのがい数にしましょう。

```
    7)12
     ↓
       1.7142…
    7)12.0
      7
      5 0
      4 9
        1 0
         …
```

※四捨五入する問題は、最もまちがいが多いところです。
ゆっくりやりましょう。

第3章　たのしい！アクティブ授業術

MENU 10 小数のわり算　**4年**
　　　　　〜シュワッチ方式

①
　　1.714
　　　↓
②　　○
　　1.714　　　②「100分の1の位の上に○をつけます」
　　　↓
③　　○
　　1.71④　　③「1つ小さい位の数字を四角で囲みます」
　　　↓
④　　○
　　1.71④　　④「四角の数字を四捨五入します」
　　　↓　　　　「**四角方式**といいます」
⑤
　　1.71　　　答え　1.71

☆　12÷7の商を、四捨五入で、上から1けたのがい数にしましょう。
---

①　1.714　　①「上から1けたまでのがい数にするということです」
②　　↓　　　②「上から1けたの位の数字の上に○をつけます」
　　○　　　　　「1つ小さい位の数字を四角で囲みます」
　　1.⑦14
　　　↓
③　○　　　③「四角の数字を四捨五入します」
　　1.⑧
　　2　　　　答え　2

（注意！）0.345など→初めの0は数えません。「上から1けたの概数」は、0.3です。

 教科書オンリーでは、こんなミスが

教科書のように小数点を計算の途中でつけると、小数点のつけ忘れが起こります。先にたのしく、「シュワッチ！」と小数点をつけてしまいましょう。

085

MENU 11 小数のわり算
～ピコン・シュワッチ方式

5年

わられる数にもわる数にも小数点がある！ では商の小数点はどこにつくの？ それが無理なくわかる方法です。

いよいよ計算の仕上げ、小数のわり算です。

1 小数÷小数

☆ 3.2) 7.68 を計算しましょう。

(1) わる数が整数になるように10倍して小数点を右にうつします（ウルトラマンのカラータイマーのように「ピコン！」とコールして波線を書きます）。

(2) わられる数の小数点も、10倍し右にうつします（「ピコン！」とコールして波線を書きます）。

(3) 商の小数点を、わられる数の小数点にあわせて**先**にうちます（カラータイマーが鳴ったウルトラマンが、空に向かって飛ぶように「シュワッチ！」とコールしながら小数点をうちます）。

(4) あとは、整数のわり算のように計算します。また、**もとの小数点は**斜線を引くなど**消したりせず**、そのままにします（理由はあまりが出るときにわかります。P.88）。

(5) この方法を「ピコン・シュワッチ方式」と名づけ、たのしく扱います。
    次に例を示します。

① 3.2) 7.6 8　ピコン	① 「ピコン！」
② 3.2) 7.6 8　ピコン	② 「ピコン！」
③ 3.2) 7.6.8	③ 「シュワッチ！」

第3章　たのしい！アクティブ授業術

④　「たてる」「両手かくし」　「7÷3は、2」
　　「かける」「□んが4、□三が6で64」
　　「ひく」「76-64は12」
　　「おろす」「8おろして、128」

⑤　「たてる」「両手かくし」「12÷3は、4」
　　「かける」「四二が8、四三12で、128」
　　「ひく」「128-128は0」
　　「答え2.4」

☆　3.14)8.164 を計算しましょう。

わる数は100倍するので、小数点の移動は次のようになります。

3.14)8.164　シュワッチ
ピコン、ピコン、ピコン、ピコン

あとは、整数のわり算のように計算します。

2　いろいろな型
　　　後ろツケ型

★　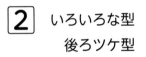　　　「ピコン、ピコン」

　　3.24)48.60　　「ピコン、ピコン、0を書きたして」

　　3.24)48.60↑　「シュワッチ！」

★　0.8)3　　「ピコン」「ピコン」

　　0.8)30　　「0を書きたして」

　　0.8)30↑　「シュワッチ！」

前ツケ型

$7.2 \overline{)4.896}$　　「ピコン」「ピコン」

$7.2 \overline{)4.8↑96}$　　「シュワッチ！」

　　　　0.　　　　「たてる」
$7.2 \overline{)4.896}$　　「40÷72は、0 がたつ」とコールして、0 を書く。

点ケス型

$0.47 \overline{)24.91}$　　「ピコン、ピコン」
　　　　　　　　「ピコン、ピコン」

$0.47 \overline{)24.91↑}$　　「シュワッチ！」
　　　　　　　　「たてる」…

　　　　　5 3、　　最後に
$0.47 \overline{)24.91}$　　「ケス」と言って、商の小数点に斜線を入れて消す。
　　　　2 3 5
　　　　　1 4 1
　　　　　1 4 1
　　　　　　　0

ピコン

③ あまりを出す型　～ストーン方式

> ☆　商を、$\frac{1}{10}$ の位までもとめ、あまりを出しましょう。
> 　　$2.1 \overline{)3.4}$

$2.1 \overline{)3.4↑}$　　「ピコン」「ピコン」「シュワッチ！」
　　　　　　　「たてる」「両手かくし」「3÷2は、1」
　　　　1.6　　「かける」…「ひく」「34−21は、13」
$2.1 \overline{)3.4}$　　「0 を書きたして130」
　　　2 1　　「たてる」…「かける」…
　　　1 3 0　　「ひく」「130−126は 4」
　　　1 2 6
　　0.0 4　　「ストーンと落として」「0.04」
　　ストーン

ストーン

第3章 たのしい！アクティブ授業術

MENU 11　小数のわり算　5年
～ピコン・シュワッチ方式

「答え、1.6あまり0.04」

あまりの小数点は、わられる数のもとの小数点をそのまま、ストーンと落としてきます。「ストーン方式」と名づけます。

4　がい数で表す型・四捨五入　～四角方式

> ☆　四捨五入して、$\frac{1}{10}$ の位までのがい数にしましょう。
> 　　2.8)9.3

1つ下の $\frac{1}{100}$ の位まで計算して、$\frac{1}{10}$ の位の上に○をつけ、1つ下の位の $\frac{1}{100}$ の位の数を四角で囲み、四捨五入します。（四捨五入については85ページ参照）

```
       ○
     3.3 [2]      答え　3.3
2.8)9.3
    8 4
      9 0
      8 4
        6 0
        5 6
```

> ☆　四捨五入して、上から1けたのがい数にしましょう。
> 　　17)72

上から1けたまでの概数にすることと同じです。上から2けた目まで計算し、上から1けた目の上に○をつけ、1つ下の位の数を四角で囲みます。四角の数を四捨五入します。

答え　4

📢 教科書オンリーでは、こんなミスが

小数のわり算のポイントは、商とあまりの小数点の位置です。教科書のように初めの小数点を消すと、あまりを出すときの小数点の位置をよくミスします。ぜひ残しておきましょう。

089

MENU 12 分数のたし算・ひき算 ～さかさわり算たすきがけ

これは、①最小公倍数が早く正しく見つかる、②通分するとき分母・分子にかける数がよくわかる、とても便利な方法です。

公約数、公倍数の学習から、分数のたし算へのつながりを考えて指導していきます。

1 最大公約数

☆ 24と36の最大公約数をもとめましょう。

簡単にもとめられる方法があります（連除法ともいいます）。

「組み立てわり算」です。

２つの数をともにわり切れる公約数でわっていきます。

まず、「２」でわり、「２」でわれなければ、「３」「５」「７」でわっていきます。「１」しかわれる数がなくなったらストップです。

最大公約数は、わった数をかけて求めます。

2×2×3＝12　　答え　12

子どもたちには、わかりやすく「さかさわり算」と名づけます。

《書き方はこの順で》

①　24　36　→　②　)24　36　→　③　2)24　36

2 最小公倍数

☆ 5と9の最小公倍数をもとめましょう。

1　)5　9　　5と9は、「１」しか公約数がありません。
　　5　9　　もとの数と最後の数をななめにかけると、最小公倍数になります。

「たすきがけ」と名づけます。

最小公倍数は、5×9＝45　　答え　45

（9×5＝45でもOK）

> ☆　3と9の最小公倍数をもとめましょう。

3) 3　9
　　1　3

「さかさわり算たすきがけ」でやりましょう、と名づけます。
3と9のように一方の数が他方の数の倍数になっているときは、大きい方の数が最小公倍数です。

最小公倍数は、3×3＝9　　答え　9

（9×1＝9でもOK）

> ☆　12と18の最小公倍数をもとめましょう。

「さかさわり算たすきがけ」でやっていきます。

2) 12　18
3) 6　 9
　　 2　 3

最小公倍数は、12×3＝36　　答え　36

（18×2＝36でもOK）

3　通分

「さかさわり算たすきがけ」でやっていけば必ず通分できます。

ただし、**分母にも分子にも同じ数をかける**ことがポイントです。

かける型…「1」しか公約数がないとき。分母どうしの数をかけます。

1) 3　1　→　3×4　1×5　→　12　　5
　　5　4　　　5×4　4×5　　　20　　20

あわす型…一方の数が他方の倍数になっているときは、分母を大きい方の数に合わせます。

3) 1　5　→　1×2　5×1　→　2　　5
　　3　6　　　3×2　6×1　　　6　　6
　　1　2

みつけ型…最小公倍数をしっかり見つけます。むずかしい型です。

$$2\,\underline{)\,\dfrac{1}{8}\ \dfrac{5}{12}} \rightarrow \dfrac{1\times 3}{8\times 3},\ \dfrac{5\times 2}{12\times 2} \rightarrow \dfrac{3}{24},\ \dfrac{10}{24}$$

$$2\,\underline{)\,4\ \ 6}$$
$$2\ \ 3$$

4 約分

分母と分子を最大公約数でわります。

約分できるかどうかを見分けるポイントは、**分母と分子の公約数があるかどうか**です。

① $\dfrac{4}{6} \rightarrow \dfrac{\cancel{4}^{\,2}}{\cancel{6}_{\,3}} \rightarrow \dfrac{2}{3}$

$2\,\underline{)\,6\ \ 4}$
$3\ \ 2$

2が最大公約数

② $\dfrac{18}{36} \rightarrow \dfrac{\cancel{18}^{\,1}}{\cancel{36}_{\,2}} \rightarrow \dfrac{1}{2}$

$2\,\underline{)\,36\ \ 18}$
$3\,\underline{)\,18\ \ \ 9}$
$3\,\underline{)\,\ 6\ \ \ 3}$
$\ 2\ \ \ 1$

$2\times 3\times 3 = 18$

18が最大公約数

5 分数のたし算

いよいよたし算です。通分と約分ができればかんたんです。

「さかさわり算たすきがけ」でやっていきます。

かける型…分母に「1」しか公約数がないとき、分母どうしをかけます。

$\dfrac{1}{3}+\dfrac{1}{2} \rightarrow 1\,\underline{)\,3\ \ 2\,} = \dfrac{1\times 2}{3\times 2}+\dfrac{1\times 3}{2\times 3}$
$\phantom{\dfrac{1}{3}+\dfrac{1}{2} \rightarrow 1)\,}3\ \ 2$

$ = \dfrac{2}{6}+\dfrac{3}{6}=\dfrac{5}{6}$

あわす型…分母を大きい方に合わせる。

$\dfrac{1}{12}+\dfrac{3}{4} \rightarrow 4\,\underline{)\,12\ \ 4\,} = \dfrac{1\times 1}{12\times 1}+\dfrac{3\times 3}{4\times 3}$
$\phantom{\dfrac{1}{12}+\dfrac{3}{4} \rightarrow 4)\,}3\ \ 1$

$ = \dfrac{1}{12}+\dfrac{9}{12}=\dfrac{\cancel{10}^{\,5}}{\cancel{12}_{\,6}}=\dfrac{5}{6}$

MENU 12 分数のたし算・ひき算 ～さかさわり算たすきがけ 5年

みつけ型…共通の分母（最小公倍数）をしっかり見つけます。

$$\frac{7}{15}+\frac{5}{6} \rightarrow 3)\underline{\frac{7}{15} \times \frac{5}{6}} = \frac{7\times 2}{15\times 2}+\frac{5\times 5}{6\times 5}=\frac{14}{30}+\frac{25}{30}=\frac{39}{30}=1\frac{9}{30}=1\frac{3}{10}$$

6 分数のひき算

分数のたし算と同じように、「さかさわり算たすきがけ」で進めていきます。

$$\frac{5}{8}-\frac{1}{6} \rightarrow 2)\underline{\frac{5}{8} \times \frac{1}{6}} = \frac{15}{24}-\frac{4}{24}=\frac{11}{24}$$

くり下がりがあるときは要注意です。

$3\frac{1}{2}-1\frac{5}{6}=3\frac{3}{6}-1\frac{5}{6}$ 　通分
　　　　　　　↓
　　　　$=2\frac{9}{6}-1\frac{5}{6}$ 　直す
　　　　　　　↓
　　　　$=1\frac{4}{6}$ 　ひく
　　　　　　　↓
　　　　$=1\frac{2}{3}$ 　約す

このように、**ひかれる数の整数の1をくり下げ**ます。「直す」といいます。
1だけくり下げる練習をオススメします。（付録CDに練習問題収録）

$2\frac{1}{5}=1\frac{6}{5}$　　$3\frac{1}{4}=2\frac{5}{4}$

帯分数のひき算は、「**通分→直す→ひく→約す**」と進めます。

📢 教科書オンリーでは、こんなミスが

教科書では、2つの数の倍数をそれぞれ書き出し、共通の倍数（公倍数）を見つけるようにしています。これでは、とても時間がかかります。「さかさわり算」を使えば、ミスも少なくなり、たし算やひき算のときも最小公倍数をすばやく見つけることができます。

093

MENU 13 単位量あたりの大きさ・速さ 〜十字（じゅうじ）の図

むずかしい文章題をわかりやすくする面積図。それをシンプルにしたのが十字の図です。かけるか、わるかがひと目でわかります。

小学校の算数の大きなヤマ場です。よくつまずく単元ですが、ぜひ「わかった！」という算数好きの子を増やしましょう。カギは十字の図の活用です。

1 面積図から十字の図へ

十字の図は、面積図（かけわり図）を簡単にしたものです。
面積図は、よく、次のように書かれます。

☆「1人にりんご5こずつ、7人に分けると、全部で何こになるか」という問題なら、全部の量を求めるので、

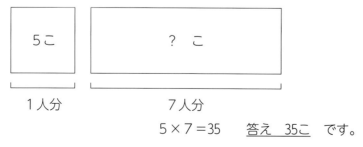

5×7＝35　　答え　35こ　です。

☆「35このりんごを7人で同じ数ずつ分ける。1人何こずつになるか」の問題では、1人分を求めるので、

?こ	35こ
1人分	7人分

　　　　　35÷7＝5　　答え　5こずつ

☆「35このりんごを1人に5こずつ分ける。何人に分けられか」で何人分かを求めます。

5こ	35こ
1人分	?人分

　　　　　35÷5＝7　　答え　7人　です。

単位あたりの量	全体の量
1あたり	いくら分

単位量あたりの面積図はふつう、左のようになります。

このように4つの区分があるので、大きさを考えずに、シンプルに十字の図にします。これが**十字（じゅうじ）の図**です。

単位あたりの量	全体の量
1あたり	いくら分

- 横の箱どうしの単位は同じになります。
- ななめにかけた数が等しくなります。

- 1m²あたり12kgの収穫。
- 5m²だと60kg。
　12×5＝60×1

2　1あたりの量（5年）

☆　8aの畑から360kgの米がとれました。1aあたり何kgの米がとれましたか。

?kg	360kg
1a	8a

360÷8＝45　　答え　45kg

単位をつけると、

360kg÷8a＝45kg/a

kg/aは、「kgパーa」と読みます。

3　全体量（5年）

☆　1aあたり850kgのみかんがとれる畑があります。6aからは何kgのみかんがとれましたか。

850kg	?kg
1a	6a

850×6＝5100　　答え　5100kg

単位をつけると、

850kg/a×6a＝5100kg

4　いくら分（5年）

☆　1aあたり12kgのあずきがとれる畑があります。60kgのあずきをとるには何aの畑がいりますか。

12kg	60kg
1a	?a

60÷12＝5　　答え　5a

単位をつけると、

60kg÷12kg/a＝5a

5 速さ（6年）

> ☆ 特急電車が3時間で270km走りました。時速をもとめましょう。

？km	270km
1時間	3時間

270÷3＝90　　答え　時速90km

単位をつけると、

270km÷3時間＝90km／時間

道のり÷時間＝速さ

6 道のり（6年）

> ☆ 高速道路を時速70kmで走る自動車があります。4時間で何km進みますか。

70km	？km
1時間	4時間

70×4＝280　　答え　280km

単位をつけると

70km／時間×4時間＝280km

速さ×時間＝道のり

7 時　間（6年）

> ☆ うらわ市から宇都宮市までは、東北自動車道で約100kmあります。時速80kmの自動車で走ると、何時間かかりますか。

80km	100km
1時間	？時間

100÷80＝1.25　　答え　1.25時間

単位をつけると

100km÷80km／時間＝1.25時間

道のり÷速さ＝時間

MENU 14 割合
～十字（じゅうじ）の図

難教材の「割合」こそ、十字の図を使ってみてください。求めるところを「？」にすれば、かけるのか、わるのかがわかって、答えが出ます。

割合では、わからない子が続出です。そこで威力を発揮するのが十字の図です。

1 面積図から十字の図へ

十字の図は、面積図（かけわり図）を簡単にしたものです。

面積図は、よく、左のように書かれます。

割合の図もふつう、左のようになります。

もとにする量が、割合でいうと「1」になる、ということです。

このように4つの区分があるので、大きさを考えずに、シンプルに田の形の図にします。これが**十字（じゅうじ）の図**です。

もとに する量	くらべる 量
1	割合

- 横の箱どうしの単位は同じになります。
- ななめにかけた数が等しくなります。

第3章　たのしい！アクティブ授業術

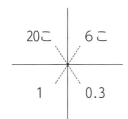

- 「6こは、20この0.3倍です」を十字の図にすると、
  20×0.3＝6×1
  だから、「たすきにかけてわる」と、もとめたい答えがでます。

2　割合をもとめる

```
20こ │ 6こ
─────┼─────
  1  │  ?
```

6×1÷20＝0.3 ですが、これを簡単にして、
6÷20＝0.3
くらべる量÷もとにする量＝割合

3　くらべる量をもとめる

```
20こ │ ?こ
─────┼─────
  1  │ 0.3
```

20×0.3＝6
もとにする量×割合＝くらべる量

4　もとにする量をもとめる

```
?こ │ 6こ
─────┼─────
 1  │ 0.3
```

6÷0.3＝20
くらべる量÷割合＝もとにする量

では、問題で考えていきましょう。
割合には3つの用法があります。

5　割合をもとめる（第1用法）

☆　25人中、5人がめがねをかけています。
　　めがねをかけている人の割合をもとめましょう。

25人	5人
1	?

$5 \div 25 = 0.2$　　答え　0.2

```
    0.2
25)5.0
    5 0
      0
```

くらべる量÷もとにする量＝割合　となります。

6　くらべる量をもとめる（第2用法）

白いリボンの長さは、赤いリボンの0.3倍にあたります。
赤いリボンは5mです。では、白いリボンは何mでしょうか。

5m	?m
1	0.3

$5 \times 0.3 = 1.5$　　答え　1.5m

もとにする量×割合＝くらべる量

7　もとにする量をもとめる（第3用法）

360円の本を買いました。これは、もっていたお金の40％にあたります。はじめに何円持っていましたか。

?円	360円
1	0.4

40％は0.4

$360 \div 0.4 = 900$　　答え　900円

くらべる量÷割合＝もとにする量

MENU 14　割合　〜十字の図　5年

この第3用法のタイプの問題をよくまちがえます。ていねいに取り組みましょう。

★ 子どもがわかりにくいこと

子どもは2つのことがわかりにくいです。

> （1）もとにする量の割合（全体）を「1」と見ること。
> （2）「もとにする量」と「くらべる量」の区別。

（1）については、割合の学習の最初に、単位量あたりの大きさの復習をし、1 m²あたりなどの意味をおさえます。

（2）については、このページの問題文にマークしたように、次のように進めます。

① 問題をよく読む。
② 「もとにする量」に波線　　を引き、「も」と書く。
　・「〜の」がついていることが多い。
　・数でないときは言葉に波線をひく。
③ 「くらべる量」に直線　　を引き、「く」と書く。
④ 割合を○で囲み、「わ」と書く。

　教科書オンリーでは、こんなミスが

「単位当たりの大きさ」や「割合」では、面積図や十字の図を使いましょう。かけるのか、わるのかという演算決定がスッキリ理解できます。教科書では、面積図はほとんど出てきません。そのため、わからない子が続出なのです。

MENU 15 分数のかけ算・わり算

分数のかけ算3か条・ひっくり返してかける

「分数のかけ算3か条」を使って計算できるようになれば、分数のわり算も簡単にできるようになります。できる喜びを先行させましょう。

1 分数のかけ算

分数のかけ算は子どもたちが理解しやすい教材です。3か条を使えば、複雑な計算にならないので、算数が苦手な子にも「これならできる！」と自信をもたせることができます。学力回復にピッタリです。

> 分数のかけ算3か条
> 第1条　とちゅうで約分すべし
> 第2条　整数は「1分の○」にすべし
> 第3条　帯分数は、仮分数にすべし

★ 分母×分母、分子×分子でOK

① 「約分なし」からはじめる

$$\frac{4}{7} \times \frac{3}{5} = \frac{4 \times 3}{7 \times 5} = \frac{12}{35}$$

＝をそろえてたてに書こう（ミスがへります）。

② 「約分1回」

$$\frac{4}{7} \times \frac{3}{8} = \frac{\overset{1}{4} \times 3}{7 \times \underset{2}{8}} = \frac{1 \times 3}{7 \times 2} = \frac{3}{14}$$

ななめに見て、同じ数でわれないか考えよう。

③ 「約分2回」

$$\frac{8}{9} \times \frac{3}{10} = \frac{\overset{4}{8} \times \overset{1}{3}}{\underset{3}{9} \times \underset{5}{10}} = \frac{4 \times 1}{3 \times 5} = \frac{4}{15}$$

エックス（×）で見て、同じ数でわれないか考えよう途中で約分しよう。

約分は途中でさせます。
あとで約分するとどうしても数が大きくなり、ミスが増えるからです。

④ 「整数×分数」・「分数×整数」

$$4 \times \frac{5}{6} = \frac{4}{1} \times \frac{5}{6} = \frac{2}{1} \times \frac{5}{3} = \frac{10}{3} = 3\frac{1}{3}$$

$$\frac{3}{4} \times 8 = \frac{3}{4} \times \frac{8}{1} = \frac{3}{1} \times \frac{2}{1} = 6$$

整数は「$\frac{○}{1}$」（分母が1の分数）にしよう

⑤ 「帯分数×帯分数」

$$2\frac{2}{7} \times 1\frac{2}{5} = \frac{16}{7} \times \frac{7}{5}$$
$$= \frac{16}{5} = 3\frac{1}{5}$$

帯分数は仮分数になおそう。

★ ポイントは約分～最大公約数は何か

子どもは、約分がまだできるのに気づかないことがよくあります。

約分は、最大公約数がすぐ見つけられれば、いとも簡単です。

5年で学習した最大公約数の見つけ方（90ページ）を「さかのぼり学習」としてしっかり練習させましょう。

2　分数のわり算

分数のわり算は、逆数をかけることと同じです。でもその説明は難しいです。

まず、「ひっくり返してかける」と唱え、心地よくできるようにさせて、それからなぜそうなるか説明していくとスムーズです。

●$\frac{2}{5} \div \frac{3}{4} = \frac{2}{5} \times \frac{4}{3}$
　　　　$= \frac{8}{15}$

ひっくり返してかける！

かけ算にしたら、「分数のかけ算3か条」を使います。

　　　　第1条　　とちゅうで約分すべし
　　　　第2条　　整数は「1分の○」にすべし
　　　　第3条　　帯分数は、仮分数にすべし

●$14 \div 2\frac{2}{5} = 14 \div \frac{12}{5} = \frac{14 \times 5}{1 \times 12} = \frac{\overset{7}{14} \times 5}{1 \times \underset{6}{12}} = \frac{35}{6} = 5\frac{5}{6}$

説明はタイル図で

問題 $\frac{2}{5}$m²のかべを$\frac{3}{4}$dLのペンキでぬれます。このペンキ1dLで何m²のかべをぬることができますか。

$\frac{2}{5} \div \frac{3}{4}$ をタイル図で示すと

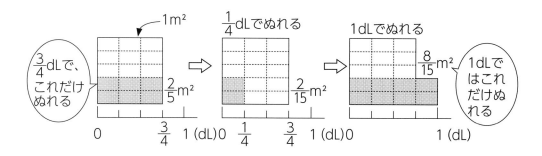

1dLでぬれる面積は、$\frac{1}{4}$dLでぬれる面積 $\left(\frac{2}{15}\text{m}^2\right)$ の4倍で、$\frac{8}{15}$m²になる。

$$\frac{2}{5} \div \frac{3}{4} = \frac{2}{5} \times \frac{4}{3} = \frac{2 \times 4}{5 \times 3} = \frac{8}{15}$$

逆数をかける

折り紙を使っても説明できます。

$\frac{2}{5} \div \frac{3}{4}$

1枚の折り紙の$\frac{2}{5}$を表す部分が

$\frac{3}{4}$を表す部分の何倍あるか、と考えます。

① たてに5等分してその2つ分に
　右上がりの斜線をぬります。
　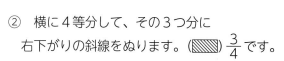 $\frac{2}{5}$です。

② 横に4等分して、その3つ分に
　右下がりの斜線をぬります。(▨) $\frac{3}{4}$です。

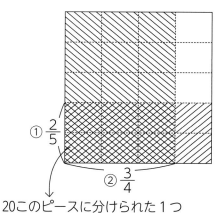

20このピースに分けられた1つ

MENU 15 分数のかけ算・わり算 6年
分数のかけ算3か条・ひっくり返してかける

③ 折り紙は20このピースにわけられたことがわかります。

④ $\frac{2}{5}$ は小さなピースが8個です。

$\frac{3}{4}$ は15個です。

つまり $\frac{2}{5} \div \frac{3}{4} = 8 \div 15$

$= \frac{8}{15}$

$= \frac{2 \times 4}{5 \times 3}$

となり、逆数をかけたことと同じになります。

分数の計算に折り紙はべんり！

教科書オンリーでは、こんなミスが

　高学年ともなると、「わたしは算数が苦手だ」「算数はきらい」と思っている子が結構います。そんな子にこそ、「これならできる！」という喜びを味わわせたいものです。分数のわり算の意味理解をしてから計算する、という一般的な方法ではなく、まず計算できるようにしてから意味理解に進む、という方法がやる気を引き出します。

MENU 16 メートル法・量の単位のしくみ ～2つのコツ 6年

長さ・重さ・面積・体積をまとめて学習します。単位換算が苦手な子は多いのですが、全体像のわかる2つのコツを覚えれば、楽にできるようになります。

1 単位を変える2つのコツを教える

「1m²は、1cm²の何倍ですか？」

「？？え～っと……」

単位を変えるコツは2つあります。

1つめのコツです。これを覚えましょう。

> キロキロとヘクとデカけたメートルが、デシに追われてセンチミリミリ

イメージは、「きょろきょろしながら、メートルさんがヘクさんと出か（デカ）けたけれど、弟子に追いかけられてセンチ（昔の言葉でトイレを表すせっちんが変化したもの）に逃げ込んだけれどあまりに重すぎたのでトイレがメリメリいっている」

	キロキロと	ヘクと	デカけた	メートルが	デシに追われてセンチ		ミリミリ
表記	k	h	da	(m)	d	c	mm
倍	1000	100	10	1	$\dfrac{1}{10}$	$\dfrac{1}{100}$	$\dfrac{1}{1000}$

第3章　たのしい！アクティブ授業術

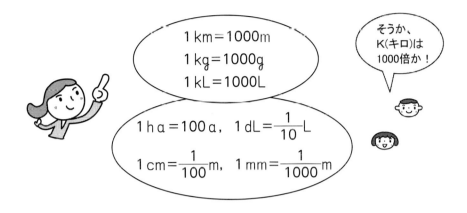

2つめのコツは、

- 面積は、たて×横だから1辺の長さが10倍になると10×10で100倍になる。
- 体積は、たて×横×高さだから1辺の長さが10倍になると10×10×10で1000倍になる。

これでバッチリです。

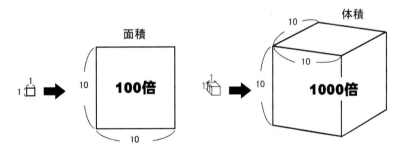

2 単位を変える2つのコツを使って

★ まず面積の問題を考えましょう。

「1m²は、1cm²の何倍でしょうか？」

コツ1を使って、cmがmになるには、「メートルがデシに追われてセンチ……」だから、100倍になります。

次にコツ2を使って、面積はたて×横で100倍の100倍だから、10000倍になります。つまり、「1m² = 10000cm²」

〈コツ1〉
1mは100cm

(m)	c
1	$\frac{1}{100}$

〈コツ2〉
面積 = たて×横
100×100 = 10000
　　　　10000倍

このコツ1やコツ2は、最後のまとめに教えるよりも、早めに教えて問題ごとに活用させましょう。「苦手だったけど、これならできそう」と早めに感じさせることで学習意欲が出ます。

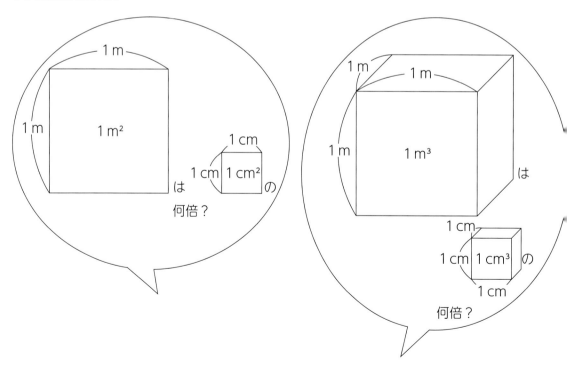

第3章　たのしい！アクティブ授業術

MENU 16	メートル法・量の単位のしくみ **6**年
	〜2つのコツ

★ 次に、体積の問題を考えてみましょう。

「1m³は1cm³の何倍でしょうか？」

まず、コツ1で、

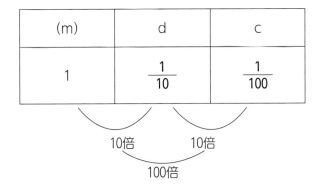

つまり、cmをmにすると100倍になります。

次に、コツ2で、体積は、たて×横×高さだから、
　　100倍×100倍×100倍＝1000000倍

すなわち、
　　1m³＝100cm×100cm×100cm
　　　　＝1000000cm³
と、なります。

 教科書オンリーでは、こんなミスが

　コツ1は、昔の人が考えた単位の覚え方です。つまり、先人の知恵を活用してメートル法をマスターする試みです。教科書や指導書には登場しませんが、「ポイントを印象深く学習する」という点で、ぜひ使ってみてください。教科書をなぞるだけの授業になると、単位換算はなかなか定着しません。

109

補助(ほじょ)数字(赤ちゃん数字)シート

名前（　　　　　　　　）

●補助(ほじょ)数字を次のように書くと、計算ミスがへり、正しく計算できるようになります。

(1) たし算　～くり上がりは左かたに小さく

```
①   47        ②   257
  +  6          +  46
   5₁3           3₁0₁3
```

① 7＋6＝13。くり上がりの1を3の左かたの線の上に、小さく書く。(4の上に書かない※)
② 十の位は5＋4＋1＝10
　くり上がりの1を0の左かたに。

(2) ひき算　～くり下がりは上に小さく

```
①   ⁸9̸10       ②   ²3⁹1̸0̸1̸00̸
    - 7          - 57
     86           246
```

① 十の位を1くり下げて8。一の位に10を書いて13－7＝6。
② 百の位を1くり下げて2、十の位の10を1くり下げて9、一の位に10を書いて13－7＝6。

(3) かけ算　～くり上がりは左かたに小さく

```
    47              47
  ×  6            × 86
   28₄2           28₄2
                 37₅6
                40₁4₁2
```

① 六七42で、4を2に左かたの線の上に小さく書く。
② 2だん目、八七56で、5を6の左かたに小さく書く。3だん目のたし算、8＋6＝14で4の左かたに1を書く。百の位は2＋7＋1＝10で0の左かたに1を書く。

(4) わり算　～くり上がりは左かたに小さく

```
        32
    27)867
       8²1
        57
        5₁4
         3
```

三七21で、1の左かたに小さく2を書く。
二七14で、4の左かたに小さく1を書く。

―――――――――――――――――――――

※　くり上がりを上に書くと、②だと十の位のたし算が**1**＋5＋4となる。5＋4に1をたす方がミスがない。

(付録CDに収録)

第4章 超裏技！ロケット作戦

あわてるべからず！ロケット作戦で乗り切ろう！……

「進度が1か月も遅れてる‼」
進度がベタ遅れをしているならば、すぐに手を打つべきです。
多額の借金を背負っているようなもので、気分的にも借金取りに追われ、落ち着きません。短期間で借金を返済してゆとりをもちましょう。でないと、学期末にもっと取り返しのつかないことになりかねません。
では、いったいどこから手をつければいいのでしょうか。
作戦を立てましょう。
題して「ロケット作戦」です。新幹線でもジェット機でもスピードがたりません。ここではロケットをとばす覚悟で授業の進め方を考えます。

第4章　超裏技！ロケット作戦

あわてるべからず！ロケット作戦で乗り切ろう！……

作戦1
《教える》＋《問題練習》＝「ロケット作戦」
―時間を大幅短縮する。

　この際、理想はあっさり捨てましょう。
　緊急避難的な授業が必要です。これを「ロケット作戦」と呼びます。新幹線でも、ジェット機でも遅くてダメ。まさにロケットでないと。
　まず、授業の組み立てを「教える」と「問題練習」の2部構成にするのです。たとえば、「計算のきまり」《4年》の授業をロケット作戦でする場合です。

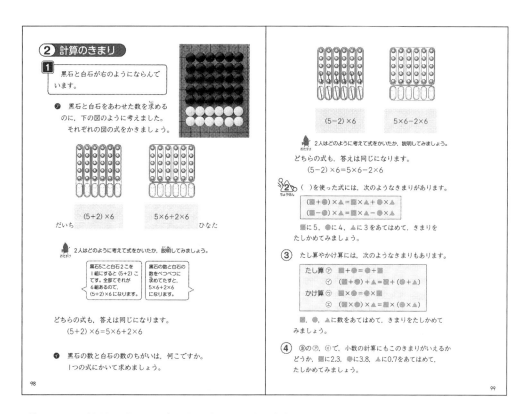

『わくわく算数4年上』（平成26年度版啓林館）P.98〜99

　この2ページの中には、「説明してみましょう」とありますが、急ぎたいとき、あなたならどう授業しますか？
　本来1時間扱いですが、ここは0.5時間でやり切ってみましょう。

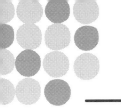

> これが
> ロケット作戦！

教師の働きかけ	子どもの活動
《教える》 （教科書）1番。口を大きく開けて、問題を読みましょう。	黒石と白石が右のようにならんでいます。
続けて㋐を読みます。	㋐ 黒石と白石を合わせた数を求めるのに、下の図のように考えました。それぞれの図の式をかきましょう。
だいちさんはどんな式にしましたか？	（5＋2）×6です。
ひなたさんはどんな式にしましたか？	5×6＋2×6です。
だいちさんはどのように考えて式をかいたのでしょうか。説明を読みましょう。	黒石5こと白石2こを1組にすると（5＋2）こです。全部でそれが6組あるので、（5＋2）×6になります。
5＋2の合計7こが6組と考えたんですね。答えは何個になりますか？	7×6で42個です。
では、ひなたさんはどのように考えて式をかいたのでしょうか。説明を読みましょう。	黒石の数と白石の数をべつべつに求めてたすと、5×6＋2×6になります。
黒石が5×6、白石が2×6、これをあわせたんですね。答えは何個になりますか？	30＋12で42個です。
答えは、どちらも？	42個で、同じです。
つまり、（5＋2）×6＝5×6＋2×6ですね。	
㋑の問題を読みましょう。	㋑ 黒石の数と白石の数のちがいは、何個ですか？1つの式にかいて求めましょう。
だいちさんはどんな式にしましたか？	（5－2）×6です。
ひなたさんはどんな式にしましたか？	5×6－2×6です。
だいちさんはどのように考えて式をかいたのでしょうか？説明を文にしますよ。（板書） 　黒石5こと白石2このちがいを1組にすると（　　　）こです。全部でそれが（　）組あるので、（5－2）×6になります。 （　　　）にはどんな式や数が入るでしょう？	（5－2）です。 6（組）です。
説明を読みましょう。	（板書を読む）
答えは、何個になりますか？	3×6＝18で、18個です。

第4章 超裏技！ロケット作戦

あわてるべからず！ロケット作戦で乗り切ろう！……

では、ひなたさんはどのように考えて式をかいたのでしょうか？説明を文にしますよ。 （板書） 　黒石の数と白石の数を（　　）に求めてたすと、5×6－2×6になります。 （　　）には、どんな言葉が入るでしょう？	べつべつです。
説明を読みましょう。	（板書を読む。）
答えは、何個になりますか？	30－12で、18個です。
答えは、どちらも？	18個で、同じです。
つまり、(5－2)×6＝5×6－2×6ですね。	
まとめます。99ページちょうせん2を読みましょう。	（　　）を使った式には、次のようなきまりがあります。 (■＋●)×▲＝■×▲＋●×▲ (■－●)×▲＝■×▲－●×▲
以下、略	
《問題練習》 では、ドリルの○ページを開けて。 1番をします。 答え合わせをします。①から答えを先順に言います。	（問題をしていく） ①　、…。みんな「はい」（合っていたら） ②　、…。みんな「違います」（間違い）
次、2番をします。 時間がないので、先生が答えを言います。 ①、… 今日の宿題はプリントです。終わります。	

このように、

① **ステップを小さく**　教科書では、「説明してみましょう」とあっても、思い切って、説明を音読させたり、穴埋めの問題にしたりして抵抗の少ないような組み立てにします。

② **リズムよく**　1問1答で進め、結論に誘導していきます。

③ **問題練習は小刻みに**　一度に全部させません。そのほうが、時間差・学力差がひろがりません。

①〜③により、大幅に時間短縮できるのです。

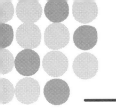

作戦2
「1.5時間方式」で時間を確保する。

授業時間は決まっており、限られています。
しかし、「ロケット作戦」では、このタブーを打ち破らなくては進みません。

☑ ロケット作戦の基本

そこでおすすめしたいのは、「1.5時間方式」です。

- 毎日1.5時間、算数授業をする
- この1.5時間は、まず算数を1時間やり、休憩時間をはさんで続けて次の時間にあと0.5時間算数をする
- このとき、残りの0.5時間には、他教科の学習でその日に学習内容が比較的少ない教科を選ぶ
- この1.5時間で、普通の授業の2時間分を進むことを目標とする

| 算　数：1時間 | （休憩） | 算　数：0.5時間 | 他教科の学習：0.5時間 |

（算数合計で　1.5時間になる）

「1.5時間方式」のメリットは、毎日2時間分進むことができ、他教科へのしわ寄せが少ないことにあります。

第4章　超裏技！ロケット作戦

あわてるべからず！ロケット作戦で乗り切ろう！……

☑ それでも時間がたりない場合は

「1.5時間方式」を駆使しても時間不足の場合は、「2時間」します。しかし、これは期間限定で5日間が限度でしょう。2時間以上連続は無理です。子どもの学習意欲が極端に落ちます。してはなりません。

☑ 少人数授業の場合は

少人数授業や習熟度別授業をしている場合は、時間確保がいっそうむずかしくなります。

ですから、ここは「1.5時間」のうちの「0.5時間」分は、教室で、一斉授業で、担任が行うしかありません。また、別れて行う「1時間」分はいつにも増して進度を合わせていくことが不可欠です。重要なのは担任と算数担当者がしっかり話し合うことです。

作戦3
教科書の練習問題をこなす裏ワザ。

① 小刻みに区分けしてさせる。

　一度にたくさんさせるのではなく、小刻みに区分けしてさせる。

　例）1ページの1番に5問、2番に4問、3番に3問あれば、1番の5問をさせて答え合わせ、2番の4問をさせて答え合わせ、3番の3問をさせて答え合わせとする。

　「このページをしなさい」と1番から3番まで全部させると、早い子と遅い子の差が開き、結果として時間がかかってしまう。

② 教科書に答えを書く。

　教科書の問題で、答えを教科書に書き込めるものは書き込む。丸つけも教科書に。

③ 答えを見せながら取り組ませる。

　ワークブックやドリル類の問題がたくさん残っているときは、答えを見ながらさせる。ワークブック、ドリル類は補充用と割り切る。丸つけも自分でさせる。

④ 終わりの会の後の時間を活用する。

　教科書の練習問題が残っていたら、終わりの会の後にさせる。

　できた子から帰ってよし、とすると勢いづく。教え合いや個別指導もしやすい。

⑤ 適量の宿題を出す。

　宿題が大量にならないように注意する。

　子どもの生活リズムを崩すし、答え合わせも大変。むずかしいものは必ず学校で。

計算力実態調査とさかのぼり指導のシステム

①各学年10問ずつの問題。これを既習学年2学年分テスト。たとえば4年生なら、2年生と3年生の問題のテストをする。

●実施する問題一覧表（表の数字は問題番号）（問題は次ページ以降と、付録CDに収録）

	1年	2年	3年	4年	5年	6年
4月	―	1	1・2	2・3	3・4	4・5
10月	―	1	1・2	2・3	3・4	4・5
3月	1	1・2	2・3	3・4	4・5	5・6

（もし余裕があれば、既習学年全部テストするのもOK）

②制限時間は、前々学年の問題は10分・前学年の問題は15分。4年生なら、2年の問題を10分、3年の問題を15分の制限時間で実施。

③隣と交換して答え合わせ。その後、回収して担任が再チェック。

④1人ひとりがどこでつまずいているか、チェック。通過調査表を活用するとよい。　（付録CDに収録）

学年	1年										2年										3年										%	トータル
番号	①	②	③	④	⑤	⑥	⑦	⑧	⑨	⑩	①	②	③	④	⑤	⑥	⑦	⑧	⑨	⑩	①	②	③	④	⑤	⑥	⑦	⑧	⑨	⑩		
児童名／内容	足し算	繰り上がり	0の足し算	引き算	繰り下がり	三数の和	三つの数の計算	加減混合			二位＋一位	二位＋二位	二位の和の筆算	二位の差の筆算	九九	九九	和の筆算	差の筆算	差の筆算		四位＋四位の筆算	千から引く筆算	二位×一位	割り算	余りのある割り算	三位×一位	二位×二位の筆算	小数の足し算	分数の引き算			
愛知一郎 4	○	○	○	○	○	○	●	○	○	○	○	○	●	○	○	○	●	○	●	●												
10	○	○	○	○	○	○	○	○	○	○	○	○	○	○	○	○	○	○	○	○												
3											○	○	○	○	○	○	○	○	○	○	○	○	○	○	○	○	○	○	○	○		
香川次郎 4	○	○	○	○	○	○	○	○	○	○	○	○	○	○	○	○	●	○	○	○												
10	○	○	○	○	○	○	○	○	○	○	○	○	○	○	○	○	○	○	○	○												
3											○	○	○	○	○	○	○	○	○	○	○	○	○	○	○	○	○	○	○	○		
神奈川幸子 4	○	○	●	○	●	○	○	○	○	○	○	○	○	○	○	●	●	○	○	○												
10																																

⑤実態を考慮しながら、**「さかのぼり指導」**をしてどの子も伸びていくようにする。みんなが同じ問題をするようにする。

⑥このテストを、4月・10月・3月の3回実施して、計算力の伸びやつまずき克服の様子をみる。

1 月　日　なまえ（　　　　　　）

★次の計算をしましょう。(1つ10点)

① 3 + 5 =

② 8 + 6 =

③ 7 + 7 =

④ 9 + 0 =

⑤ 6 − 2 =

⑥ 10 − 8 =

⑦ 15 − 7 =

⑧ 6 + 1 + 3 =

⑨ 9 − 2 − 5 =

⑩ 10 − 3 + 2 =

② 月 日 名前（　　　　　　）

★次の計算をしましょう。（1つ10点・計70点）

① 57 + 9 =

② 76 + 7 =

③ 240 + 50 =

④ 　　1 8
　　+ 7 6
　　―――

⑤ 　　7 2
　　- 5 4
　　―――

⑥ 6 × 8 =

⑦ 9 × 7 =

★次の計算を筆算でしましょう。（1つ10点・計30点）

⑧ 96 + 27　　⑨ 135 - 78　　⑩ 105 - 67

3   月   日   名前（   ）

★次の計算をしましょう。（1つ10点）

①
```
   3229
 + 1279
```

②
```
   1000
 -  247
```

③ $16 \times 5 =$

④ $40 \times 8 =$

⑤ $28 \div 7 =$

商を整数で求め、あまりを出しましょう。

⑥ $41 \div 6 = \quad \cdots$

⑦
```
    274
 ×    7
```

⑧
```
    463
 ×   75
```

⑨
```
    4.9
 +  5.6
```

⑩ $1 - \dfrac{2}{3} =$

4 月 日 名前（　　　　　）

★筆算に直して計算しましょう。（1つ10点・計20点）

① $4.56 + 6$

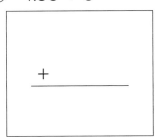

② $4 - 2.14$

★次の計算をしましょう。（1つ10点・計80点）

③ $4 + 3 \times 2 =$

④ $\dfrac{3}{7} + 4\dfrac{2}{7} =$

⑤ $1\dfrac{6}{7} - \dfrac{2}{7} =$

⑥ $4\overline{)823}$　（あまりももとめましょう）

⑦ $42\overline{)252}$

⑧ $18\overline{)428}$　（あまりももとめましょう）

□ あまり □

⑨ $\begin{array}{r} 3.4 \\ \times\ 2\,9 \\ \hline \end{array}$

□ あまり □

⑩ $18\overline{)10.8}$　わりきれるまで計算しましょう。

5   月   日   名前（　　　　　　）

★商を分数で表しましょう。(10点)

① $3 \div 7 =$

★次の分数と小数の計算をしましょう。(1つ10点・計90点)

② $\dfrac{2}{6} + \dfrac{2}{6} =$

⑥ わりきれるまでわりましょう。

$2.5\overline{)9\,0}$

⑧ 商を四捨五入で$\dfrac{1}{10}$の位までのがい数で表しましょう。

$6.7\overline{)2\,7.8}$

③ $1 - \dfrac{4}{9} =$

④
$$\begin{array}{r} 1.9 \\ \times\ 4.8 \\ \hline \end{array}$$

⑦ 商を$\dfrac{1}{10}$の位まで求め、あまりを出しましょう。

$3.9\overline{)6\,5}$

⑨ $\dfrac{1}{9} + \dfrac{2}{6}$
  $=$

⑤ $4.9 \div 7 =$

⑩ $\dfrac{6}{10} - \dfrac{1}{6}$
  $=$

6   月   日   名前（   ）

★次の計算をしましょう。（1つ10点・計100点）

① $\dfrac{2}{5} \times \dfrac{3}{7} =$

⑥ $4\dfrac{2}{3} \div 1\dfrac{1}{5} =$

② $\dfrac{5}{9} \times \dfrac{3}{4} =$

⑦ $3 \div 1\dfrac{2}{5} \div 1\dfrac{2}{7} =$

③ $1\dfrac{2}{3} \times 1\dfrac{1}{5} =$

⑧ $1\dfrac{1}{3} + \dfrac{3}{8} \div 2\dfrac{1}{4} =$

④ $\dfrac{3}{7} \div \dfrac{5}{6} =$

⑨ $3\dfrac{1}{3} \div 9 \times 3.6 =$

⑤ $12 \div \dfrac{3}{8} =$

⑩ $\dfrac{2}{7} \times \left(\dfrac{1}{3} + \dfrac{1}{4} \right) =$

基本わり算C型 ①   組　名前

① 10 ÷ 3 =
② 10 ÷ 4 =
③ 10 ÷ 6 =
④ 10 ÷ 7 =
⑤ 10 ÷ 8 =
⑥ 10 ÷ 9 =
⑦ 20 ÷ 3 =
⑧ 20 ÷ 6 =
⑨ 20 ÷ 7 =
⑩ 20 ÷ 8 =
⑪ 20 ÷ 9 =
⑫ 30 ÷ 4 =
⑬ 30 ÷ 7 =
⑭ 30 ÷ 8 =
⑮ 30 ÷ 9 =
⑯ 40 ÷ 6 =
⑰ 40 ÷ 7 =
⑱ 40 ÷ 9 =
⑲ 50 ÷ 6 =
⑳ 50 ÷ 7 =
㉑ 50 ÷ 8 =
㉒ 50 ÷ 9 =
㉓ 60 ÷ 7 =
㉔ 60 ÷ 8 =
㉕ 60 ÷ 9 =
㉖ 70 ÷ 8 =
㉗ 70 ÷ 9 =
㉘ 80 ÷ 9 =
㉙ 11 ÷ 3 =
㉚ 11 ÷ 4 =
㉛ 11 ÷ 6 =
㉜ 11 ÷ 7 =
㉝ 11 ÷ 8 =
㉞ 11 ÷ 9 =
㉟ 12 ÷ 7 =
㊱ 12 ÷ 8 =
㊲ 12 ÷ 9 =
㊳ 13 ÷ 7 =
㊴ 13 ÷ 8 =
㊵ 13 ÷ 9 =
㊶ 14 ÷ 8 =
㊷ 14 ÷ 9 =
㊸ 15 ÷ 8 =
㊹ 15 ÷ 9 =
㊺ 16 ÷ 9 =
㊻ 17 ÷ 9 =
㊼ 21 ÷ 6 =
㊽ 21 ÷ 8 =
㊾ 21 ÷ 9 =
㊿ 22 ÷ 6 =

基本わり算C型 ②   組　名前

① 22 ÷ 8 =
② 22 ÷ 9 =
③ 23 ÷ 6 =
④ 23 ÷ 8 =
⑤ 23 ÷ 9 =
⑥ 24 ÷ 9 =
⑦ 25 ÷ 9 =
⑧ 26 ÷ 9 =
⑨ 31 ÷ 4 =
⑩ 31 ÷ 7 =
⑪ 31 ÷ 8 =
⑫ 31 ÷ 9 =
⑬ 32 ÷ 7 =
⑭ 32 ÷ 9 =
⑮ 33 ÷ 7 =
⑯ 33 ÷ 9 =
⑰ 34 ÷ 7 =
⑱ 34 ÷ 9 =
⑲ 35 ÷ 9 =
⑳ 41 ÷ 6 =
㉑ 41 ÷ 7 =
㉒ 41 ÷ 9 =
㉓ 42 ÷ 9 =
㉔ 43 ÷ 9 =
㉕ 44 ÷ 9 =
㉖ 51 ÷ 6 =
㉗ 51 ÷ 7 =
㉘ 51 ÷ 8 =
㉙ 51 ÷ 9 =
㉚ 52 ÷ 6 =
㉛ 52 ÷ 7 =
㉜ 52 ÷ 8 =
㉝ 52 ÷ 9 =
㉞ 53 ÷ 6 =
㉟ 53 ÷ 7 =
㊱ 53 ÷ 8 =
㊲ 53 ÷ 9 =
㊳ 54 ÷ 7 =
㊴ 54 ÷ 8 =
㊵ 55 ÷ 7 =
㊶ 55 ÷ 8 =
㊷ 61 ÷ 7 =
㊸ 61 ÷ 8 =
㊹ 61 ÷ 9 =
㊺ 62 ÷ 7 =
㊻ 62 ÷ 8 =
㊼ 62 ÷ 9 =
㊽ 63 ÷ 8 =
㊾ 71 ÷ 8 =
㊿ 71 ÷ 9 =

算数アクティブ授業術　付録CD　収録内容

取扱い章	資料名	データの種類（拡張子）
1章	01 小数～テントウ虫！	pdf
1章	02 100マス計算シート・例題	pdf
1章	03 50マス計算シート・例題	pdf
1章	04 基礎計算の10原則	pdf
1章　3章	05 九九お助けシート	pdf
1章・2章・3章	06 基本わり算A型　①	pdf
1章・2章・3章	07 基本わり算A型　②	pdf
1章・2章・3章	08 基本わり算A型　③	pdf
1章・2章・3章	09 基本わり算A型　④	pdf
1章・2章・3章	10 基本わり算B型　①	pdf
1章・2章・3章	11 基本わり算B型　②	pdf
1章・2章・3章	12 基本わり算C型　①	pdf
1章・2章・3章	13 基本わり算C型　②	pdf
1章・2章・3章	14 基本わり算C型　③	pdf
1章・2章・3章	15 基本わり算C型　④	pdf
1章・2章・3章	16 基本わり算C型　100問①	pdf
1章・2章・3章	17 基本わり算C型　100問②	pdf
1章・2章・3章	18 基本わり算C型　たて型計算	pdf
2章	19 年間指導計画　1年生から6年生	xlsx
2章・3章	20 さかさわり算たすきがけ（2．3型）	pdf
2章・3章	21 さかさわり算たすきがけ（2．4型）	pdf
2章・3章	22 さかさわり算たすきがけ（4．6型）①	pdf
2章・3章	23 さかさわり算たすきがけ（4．6型）②	pdf
3章	24 手かくし法　グッズ	pdf
3章	25 カケルちゃん！グッズ	pdf
3章	26 くり上がり・くり下がりお助けシート	pdf
3章	27 補助数字シート	pdf
3章	28 トトロの歌	pdf
3章	29 たしざん検定カード	pdf
3章	30 ひきざん検定カード	pdf
3章	31 九九検定カード	pdf
3章	32 かけ算ペアマッチ(1)(2)	pdf
3章	33 くり下がりのある分数	pdf
4章	34 計算能力学年課題通過調査票　1年～6年	xlsx
4章	35 1年生の計算チェックテスト（10月実施）	pdf
4章	36 計算実態調査問題　1～6	pdf
計算力をつける	37 計算星取表	pdf
計算力をつける	38 10回たし算シート・例題	pdf
計算力をつける	39 10回ひき算シート・例題	pdf
計算力をつける	40 チャレンジ10回たし算・ひき算	pdf
計算力をつける	41 エレベーター計算	pdf
計算力をつける	42 かけ算九九練習問題	pdf
計算力をつける	43 たしざんプリント・ひき算プリント	pdf
計算力をつける	44 くりあがり・くりさがりプリント	pdf

＊CD-ROMの動作環境について
①推奨OS　Windows7以降（Windows7・Windows8・Windows10）
②推奨アプリケーション　Microsoft Office Excel 2010以上
③PDF文書の閲覧には、Adobe Acrobat　Reader　が必要です

著者　岸本ひとみ（きしもと・ひとみ）
　　　1980年より兵庫県公立小学校教諭
　　　学力の基礎をきたえどの子も伸ばす研究会事務局長
　　　公務のかたわら「イマドキの子育て事情」「子どもの学力を伸ばすには」「一斉授業の基礎技術」などをテーマに、地域や他校の勉強会で講演活動もしている。
　　　『図解 授業・学級経営に成功する６年生の基礎学力』（フォーラム・A）
　　　『新任教師からできる奇跡の学級づくり３つのポイント』（共著、フォーラム・A）、『先生のための学校「計算力」が確実に伸びる指導』（共著、小学館教育技術ムック）、『算数習熟プリント３年中級編・上級編』）（清風堂書店）など。

図書啓展（ずしょ・ひろのぶ）
　　　1982年より大阪府公立小学校教諭
　　　学力の基礎をきたえどの子も伸ばす研究会 常任委員長
　　　『図解 授業・学級経営に成功する４年生の基礎学力』（フォーラム・A）
　　　『新任教師からできる奇跡の学級づくり３つのポイント』（共著、フォーラム・A）、『算数習熟プリント４年中級編・上級編』（清風堂書店）
　　　『読み書き計算プリント　小学４年生』（清風堂書店）
　　　『新計算　さかのぼりプリント３年・４年』（小学館）など。

監修　学力の基礎をきたえどの子も伸ばす研究会

　　　表紙・扉デザイン・本文レイアウト・イラスト／上中志保
　　　イラスト／斉木のりこ

算数アクティブ授業術　小学校全学年（CD付）

2017年３月20日　初版　第１刷発行

　　　　　　　　　　　　　著　者　岸本ひとみ
　　　　　　　　　　　　　　　　　Hitomi Kishimoto ©
　　　　　　　　　　　　　　　　　図書啓展
　　　　　　　　　　　　　　　　　Hironobu Zusho ©
　　　　　　　　　　　　　発行者　面屋龍延
　　　　　　　　　　　　　発行所　フォーラム・A
　　　　　　　　　　　　　〒530-0056　大阪市北区兎我野町15-13
　　　　　　　　　　　TEL　06（6365）5606　FAX　06（6365）5607
　　　　　　　　　　　　　　　　　郵便振替　00970-3-127184
　　　　　　　　　　　　　　　　　制作編集担当　奥村礼子

印刷・㈱関西共同印刷所／製本・㈱高廣製本
Printed in Japan　ISBN978-4-89428-810-2　C0037